AF509915

COUR DE CASSATION.

QUESTION

DU

MARIAGE DES PRÊTRES

Arrêt de la Cour royale de Limoges, du 27 janvier 1846.

« Les lois religieuses et les lois civiles diffèrent souvent
« entre elles par leur objet et leurs dispositions, sans
« pourtant placer *l'homme*, ou le *citoyen*, ou le *prêtre*
« dans une situation contradictoire. La loi civile, par
« exemple, ne défend pas le mariage aux ministres du
« culte sous peine de nullité ; mais elle n'empêche pas
« les ministres du culte de se conformer à cet égard à la
« discipline de l'Église. »

(Portalis, Rapport du 5ᵉ jour complémentaire
an XI.)

Deux pouvoirs se disputeront éternellement l'empire du monde, la loi et la religion ; ils sont cependant faits pour s'éclairer et se soutenir mutuellement, et ils ne devraient pas être en lutte.

Le culte est le plus fort lien de sympathie qui puisse exister entre les hommes, puisque la religion est le ciment nécessaire des affections les plus étendues comme les plus vives ; point de lien social sans religion ; point de religion sans culte.

La religion catholique excelle par ses moyens d'agir sur l'imagination et les

1

cœurs. Ses rites sont touchants, ses cérémonies majestueuses. Le dévouement de ses missionnaires pour répandre l'Évangile parmi des peuplades sauvages et l'héroïsme perpétuel de tant de religieux et de vierges saintes, consacrées au soin des enfants abandonnés, des pauvres malades ou infirmes, étonnent et pénètrent de respect. L'apostolat consiste dans la prédication, les combats, le gouvernement ecclésiastique. Les dogmes, la morale, la discipline, le pouvoir de lier et de délier, du prêtre, de l'évêque; l'autorité de la chaire apostolique sur les prêtres et sur les croyants, qui suspend ou retire les pouvoirs, excommunie et fulmine l'anathème; tels sont les ressorts d'un gouvernement extérieur et sensible qui embrasse le monde entier. Mais, quelque appui que l'Église ait reçu autrefois du pouvoir temporel, elle n'a plus aujourd'hui, en France, aucun droit quelconque de contrainte; son autorité n'existe que dans le for intérieur et sur la foi la plus complétement libre.

Cependant, l'intelligence des sociétés humaines sait faire dominer au-dessus de toutes choses une discipline encore plus positive qui protége les existences contre les écarts et la méchanceté des ennemis de l'ordre social. — Tel est le but de l'établissement des lois ; telle est la mission des tribunaux.

L'attribut essentiel d'un culte, c'est d'épurer les cœurs, de les diriger intimement et d'agir dans le secret de la conscience qui se place en présence de Dieu.

Mais si un culte, en possession pendant des siècles d'une autorité prédominante, indéfinie, exclusive de tout autre culte, a fait passer dans les lois d'un autre temps que hors de l'Église il n'y aurait pas, pour le ministre réfractaire et déserteur des autels, d'asile et de salut dans la vie privée, dans la famille, dans l'usage des droits naturels que la loi civile garantit à tous, une si redoutable sanction de la loi religieuse, la privation d'un foyer domestique légal, ou l'état forcé de célibat dans le monde, aurait quelque chose d'exorbitant dans un pays de liberté religieuse et d'égalité civile.

Lorsqu'une femme et des enfants réclameront de cet infortuné, la première, l'état de mariage sur lequel elle aura compté, dans le silence du droit commun ; les autres, un nom et des droits de famille, le magistrat ne devra-t-il pas trembler d'être exposé à créer une sanction de la loi religieuse qui n'existerait pas dans la loi civile, et de condamner ainsi des père et mère à vivre dans un honteux concubinage, de leur refuser le moyen légal de réparer envers les enfants nés de leur commerce le tort de les avoir mis au jour, contrairement au but le plus direct, le plus nécessaire de la loi, qui est le maintien des mœurs par la famille, et la faveur dont jouit une union qui répare le scandale public d'enfants sans foyer domestique ?

Si tel était le privilége de ce culte, la loi, en le lui conférant, aurait donc immolé l'ordre matériel et l'intérêt si sacré du mariage, cette institution fondée sur la nature et sanctionnée par la loi, à ses antiques exigences, à ses instincts de prédominance et d'absorption de tous les droits comme de tous les pouvoirs !...

Ainsi, séparation réelle entre la puissance spirituelle et l'autorité temporelle, indépendance absolue de chacun dans le choix du culte auquel il entend s'attacher, égalité des cultes devant la loi, admissibilité de tout citoyen à l'état de mariage civil, sans acception des personnes, ni distinction, même de profession religieuse; tels sont les hauts intérêts renfermés dans la question de mariage du prêtre catholique.

Nous abordons avec conviction ces vérités légales qui n'ont pu obtenir encore dans la jurisprudence la place qu'elles méritent, et contre lesquelles subsistent quelques nuages dans de bons esprits. La question s'éclaircit pourtant peu à peu. Nous la reprendrons dans son dernier état, et non sans espoir de réussite. — Si le succès devait répondre à l'ardeur de notre zèle et de nos efforts; si; en payant notre faible tribut à la cause de la liberté, de la morale, et même, nous le croyons, du plus grand triomphe pour la vertu au sein du culte catholique et dans l'Église, nous parvenons à faire consacrer par la Cour Suprême les vrais principes, la gloire de ce succès appartiendra surtout à tant d'hommes éminents dont nous ne pouvons que suivre de loin les traces (1).

FAIT.

Jacques Vignaud, prêtre desservant de la commune de La Croix, a, depuis plusieurs années, cessé de remplir les fonctions de son ministère et de porter l'habit ecclésiastique. Il s'est livré au commerce; sous le poids d'une interdiction indéfinie, comme prêtre, il a embrassé le culte protestant. — Un mariage a été projeté entre lui et Madelaine Bertrand; déjà même les publications qui devaient en précéder l'exécution avaient eu lieu, lorsque, par acte en date du 19 mai 1845, M. le procureur du roi fit signifier au maire de La Croix, devant lequel devait s'accomplir le mariage projeté, qu'il s'opposait à ce mariage sur le motif que

---

(1) Qui n'a lu le puissant réquisitoire de M. le procureur général Dupin dans l'affaire Dumonteil ? On connaît aussi le mémoire de notre confrère M⁰ Nachet, auteur d'un traité remarquable sur la *Liberté religieuse*. MM. Persil, Delangle, Mermilliod, Duvergier, Bethmont, c'est-à-dire nos jurisconsultes et nos orateurs les plus distingués, se sont prononcés contre l'immixtion abusive des canons et du droit civil.

Jacques Vignaud, étant engagé dans les ordres sacrés, ne pouvait se marier. Vignaud et Madelaine Bertrand, avertis de cette opposition, ont, par exploit du 28 du même mois de mai, fait assigner M. le procureur du roi devant le tribunal de Bellac, soutenant qu'il n'avait pas qualité pour former opposition, et que, dans tous les cas, son opposition n'était pas fondée, l'engagement dans les ordres sacrés ne devant pas être considéré comme un empêchement au mariage.

26 juin 1845. — Jugement du tribunal de Bellac, qui déclare l'opposition recevable, mais mal fondée :

« Attendu que le mariage est de droit naturel ; que, par suite, il peut être contracté dans tous les cas où la loi civile ne s'y est pas opposée, par tous les individus qu'elle n'en a pas déclarés incapables ;

« Attendu que la loi civile qui régit en ce moment la matière, le Code civil, contient un chapitre intitulé : *Des qualités et conditions requises pour pouvoir contracter mariage ;* qu'on trouve là énumérés divers cas d'empêchement soit absolus, soit relatifs ; mais qu'il n'est pas dit un mot de l'empêchement que pourait entraîner l'engagement dans les ordres sacrés, et qu'il n'y est pas fait de réserves, non plus, pour des empêchements que les lois antérieures pourraient avoir créés ; d'où l'on pourrait conclure qu'il ne faut pas chercher ailleurs dans les anciennes lois ; qu'ainsi, *on ne doit reconnaître d'autres empêchements que ceux-là même que le Code civil a consacrés ;*

« Attendu, au surplus, que les lois antérieures au Code civil, qui sont encore en vigueur, de même que les lois postérieures, *ne renferment aucune disposition qui mette au nombre des empêchements l'engagement dans les ordres sacrés ;* qu'en effet, les lois antérieures à notre première révolution, qui s'occupaient de la matière, furent complétement abrogées par celle du 13-19 février 1790, et par des actes ultérieurs du pouvoir législatif, qui allèrent même jusqu'à encourager le mariage des prêtres, au lieu de le défendre ;

« Attendu que le Concordat de l'an IX, en rétablissant les cultes, et particulièrement le culte catholique, de même que la loi organique du Concordat, ont sans doute voulu rendre au culte le respect qui lui est dû, et dont il avait été si long-temps entouré ; mais *sans pourtant donner aux prescriptions, aux canons de l'Église force de loi, au point de vue civil, sans leur donner force de loi devant les tribunaux ;* — Qu'admettre le contraire, qu'admettre notamment que le Code civil n'est qu'énonciatif et non limitatif des empêchements au mariage, et qu'il faut en chercher le complément dans les canons de l'Église, ce serait arriver aux conséquences les plus absurdes, dans l'état actuel de notre société, aux conséquences les plus contraires à notre législation et à nos institutions ; — Qu'ainsi, il ne faudrait pas consacrer seulement comme faisant empêchement l'engagement dans les ordres sacrés ; il faudrait aussi accueillir tous les empêchements établis par les canons de l'Église reçus en France ; rien d'ailleurs n'autorisant à faire une distinction entre eux, et en pareille matière surtout, rien ne devant être arbitraire ; qu'il faudrait donc admettre que la parenté en ligne collatérale fait empêchement jusqu'au sixième degré, et non pas seulement jusqu'au troisième ; car telle est la prescription du concile de Trente, *qui, quoique non reçu en France, sous plusieurs rapports, avait été, du moins, reçu en cette partie* ; — Il faudrait admettre comme empêchement l'impuissance, certains crimes, la diversité de l'Église entre les deux parties ; l'affinité spirituelle, ce qu'on appelait l'honnêteté publique, le rapt, la séduction, l'adultère, etc., — tous empêchements que nos lois pas plus que nos mœurs ne sauraient aujourd'hui consacrer ; — Que d'un autre côté, si les canons de l'Église reçus en France avaient force de loi pour nous, il s'ensuivrait, en matière de mariage, notamment, que l'empêchement résultant de l'engagement dans les ordres sacrés ne serait tel que *selon qu'il plairait au pape de maintenir ou d'annuler le vœu de la personne engagée* ; car le pape, d'après les canons de l'Église, peut, comme il l'a fait souvent, relever de leurs vœux, de tous leurs engagements, les prêtres, et les autoriser par suite à se marier ; de sorte que les autorités françaises seraient ainsi, pour certains actes de leurs fonctions, soumises à la direction du pape ; elles pourraient ou ne pourraient pas marier un citoyen français, selon qu'il plairait ou ne plairait pas au souverain pontife ; en un mot elles obéiraient à une puissance étrangère ;

« Attendu qu'il suffit d'énoncer la possibilité d'arriver à de tels résultats, si la puissance civile donnait créance aux canons de l'Église, pour écarter complétement l'idée que les auteurs de la loi organique du Concordat aient jamais entendu admettre ces canons *comme obligatoires pour les citoyens français, dans le for extérieur du moins* ;

« Attendu, au surplus, que le principal auteur de la loi organique du Concordat, l'illustre Portalis, s'en est positivement expliqué en ce qui concerne le mariage du prêtre, lorsqu'il a présenté le projet de cette loi au corps législatif ; qu'après avoir dit que la prohibition du mariage faite aux prêtres par les canons de l'Église se liait à des considérations importantes, qu'elle était nécessaire au bien de la religion, il ajoute que le célibat ordonné aux prêtres par les règlements ecclésiastiques *n'est point considéré comme empêchement dirimant dans l'ordre civil ; qu'ainsi, le mariage des prêtres, s'ils en contractaient un, serait valable* ;

« Attendu que cette doctrine, professée par le rapporteur de la loi, au moment même où elle se faisait, ne fut aucunement contredite dans la discussion ; que la loi fut ainsi votée avec cette explication, et que, par suite, *on ne peut pas raisonnablement lui donner d'autre sens* ;

« Attendu que, pendant les années qui suivirent, il n'entra dans la pensée de personne de supposer *que cette loi avait fait revivre les empêchements établis par les canons de l'Église, notamment celui résultant de l'engagement dans les ordres sacrés ;* qu'aussi, plusieurs mariages de prêtres eurent lieu ; que l'Empereur en fut effrayé, parce que nombre de jeunes gens, pour éviter la conscription, s'engageaient dans les ordres, et qu'il craignait que ce nombre n'augmentât encore si le célibat ne restait pas, dans la pratique, une condition de la prêtrise ; qu'alors il fut défendu aux officiers de l'état civil de son empire de procéder au mariage des prêtres ; mais qu'il fit faire cette défense, non pas en se fondant sur la loi, mais bien par des considérations tirées de son bon plaisir ou de sa politique, et sans tenir compte des lois, comme cela lui arrivait souvent ; que la lettre adressée par le ministre des cultes d'alors, sous la date du 14 janvier 1806, pour faire connaître cette mesure à l'archevêque de Bordeaux, le dit en termes exprès, ainsi qu'une autre lettre adressée plus tard, le 30 juin 1807, au préfet de la Seine-Inférieure pour lui dire *de veiller à ce que les officiers de l'état civil refusassent de procéder au mariage des prêtres ;* que dans chacune de ces deux lettres, en effet, le ministre reconnaît que la loi civile n'a pas prévu le cas où des prêtres abjurant leurs vœux voudraient se marier ; qu'il dit seulement que de telles unions sont un scandale ; *que l'opinion publique les réprouve, et qu'il faut, à cause de cela, ne pas les tolérer ;*

« Attendu que de tout ce qui précède, il résulte qu'il n'existe dans notre législation *aucune disposition qui rende les personnes engagées dans les ordres sacrés inhabiles à contracter mariage ;* que, par suite, l'autorité civile ne peut mettre aucun obstacle au mariage de ces personnes, etc., etc., sauf à la puissance ecclésiastique à leur appliquer la règle du concile comme la conséquence de leur infraction au célibat : *Presbyterum, si uxorem acceperit, ab ordine deponendum ;* — Que, sans doute, les plus graves inconvénients pour la société, pour la tranquillité des familles catholiques, peuvent résulter de la faculté laissée aux prêtres de se marier ; qu'en effet la confession donne au prêtre un ascendant moral sur ses pénitentes, qui peut leur faire courir les plus grands dangers, si le prêtre n'est pas essentiellement vertueux, s'il cache sous les habits de son état les vices qu'on rencontre parfois dans la société, etc ; — Mais que ces résultats possibles... ne peuvent cependant influer que médiocrement sur les décisions des tribunaux *qui sont appelés, eux, non pas à faire des lois, mais à faire application de celles qui existent ;*

« Par ces motifs : le tribunal rejette la fin de non-recevoir proposée contre l'opposition de M. le procureur du roi, et faisant droit sur cette opposition, la déclare mal fondée ; en conséquence, dit que le maire de La Croix *sera tenu de procéder au mariage projeté entre Jacques Vignaud et Madelaine Bertrand*, aussitôt après l'accomplissement des formalités prescrites par la loi. »

Appel de M. le procureur-général.

Le jugement du tribunal de Bellac est puissamment défendu devant la cour royale de Limoges ; mais, le 22 août 1845, il intervient un arrêt de partage (1).

Neuf magistrats nouveaux sont appelés pour le vider : une lutte de science, d'éloquence et de talent recommence avec éclat.

Le 27 janvier 1846, la cour, réunie au nombre de vingt-cinq conseillers, enfante, après un long délibéré, un arrêt infirmatif, conçu en ces termes :

« Attendu que, dans notre ancien droit, l'engagement dans les ordres sacrés constituait un *empêchement dirimant au mariage*, même pour le prêtre qui abandonnait son sacerdoce ; et que *si les canons de l'Église n'avaient point reçu la sanction spéciale des édits de nos rois*, une jurisprudence constante des Parlements du royaume leur avait imprimé FORCE DE LOI ;

« Attendu que cette règle de discipline ecclésiastique, abrogée par les lois de nos premières assemblées législatives, a été remise en vigueur *par les lois organique du Concordat*, et qu'à partir de ladite loi, les prêtres catholiques ont été replacés *sous l'empire des canons* qui étaient reçus en France, concernant la collation des ordres sacrés, et conséquemment de ceux *qui interdisaient le mariage aux personnes engagées dans ces ordres ;*

« Attendu que le Code civil et la Charte constitutionnelle ne renferment aucune dérogation à cette législation spéciale ;

« Attendu qu'en cet état de la législation, le sieur Vignaud, ordonné prêtre catholique, est, par le fait même de cette ordination, frappé d'une incapacité légale, relativement au mariage ; et par conséquent l'opposition de M. le procureur général est bien fondée. »

Cet arrêt nous paraît attenter ouvertement aux principes de la liberté religieuse, de séparation accomplie entre la discipline ecclésiastique et le droit civil,

(1) Deux habiles orateurs s'étaient partagé la mission de soutenir en appel le jugement du tribunal de Bellac, Me Laclaudure, du barreau de cette ville, et sur les plaidoiries duquel il avait été jugé en faveur de Vignaud, et le bâtonnier de l'ordre des avocats à la cour royale de Limoges, Me Frichon. Le premier a développé éloquemment de hautes considérations en faveur du mariage, pour détourner la cour d'admettre un empêchement qui ne serait pas textuellement écrit dans la loi. La plaidoirie de Me Frichon sur toute la thèse de liberté religieuse se fait remarquer par un style élevé ainsi que par une logique puissante. Cette double action judiciaire a laissé des traces profondes dans les souvenirs.

de sécularisation complète de l'autorité des lois, enfin d'égale protection pour tous les cultes et d'abolition de tout privilége pour le culte catholique, consacrés par les décrets de l'Assemblée constituante des 13 février 1790 et 3 septembre 1791 ; il viole le principe que le mariage ne serait plus considéré que comme contrat civil, suivant la constitution de 1791 ; il fait la plus fausse application des art. 6 et 26 de loi du 18 germinal an X ; il contrevient au Code civil , dans l'ensemble des dispositions du titre concernant le mariage, ainsi qu'à la loi du 30 ventôse an XII, et à l'art. 5 de la Charte constitutionnelle.

Pour établir ces griefs si graves, telle sera notre marche :

· Nous chercherons d'abord quelle place tenait le droit canon dans l'ancien droit de la monarchie française, exclusivement catholique. — Nous suivrons les phases ou vicissitudes par lesquelles la religion catholique, apostolique et romaine a passé depuis l'Assemblée constituante, et sous les différents gouvernements qui se sont succédé jusqu'à nos jours. — Nous en ferons ressortir la part faite au droit canon dans les lois du Concordat et son autorité actuelle sur la célébration du mariage. — Nous tiendrons compte aussi de l'esprit de réaction du gouvernement impérial et de ses complaisances pour l'Église catholique. — Mais, nous reposant enfin sous la Charte et le Code civil, nous chercherons un terme à la controverse sur la question du mariage du prêtre interdit, démissionnaire, ou qui a embrassé le culte protestant.

DISCUSSION.

§ I. *Importance des canons dans l'ancien droit.* — *Causes de changement.*

Les canons de l'Église ont formé un élément considérable de l'ancien droit ; ils ne tiennent plus qu'une place restreinte et fort disputée dans notre nouveau droit public. Il importe d'en rechercher ici la cause, pour connaître la portée de ce changement dans les lois.

Notre grande Révolution de 1789 n'aurait pas été préparée de si loin dans les esprits, si, dans l'ancienne monarchie française, la plus grande confusion n'eût existé entre tous les pouvoirs. Les hautes intelligences entrevoyaient les vrais principes d'organisation sociale, et quand elles étaient dans le cas de les proclamer hautement, ces principes, accueillis avec enthousiasme par l'opinion, s'érigeaient en maximes du droit public de la France. Mais il n'y avait rien d'écrit dans ce droit ; les grands corps de l'État, habiles à maintenir leurs priviléges et à perpétuer les abus, arrêtaient le progrès des lumières, et réduisaient les droits de la nation à l'état de systèmes vagues et contradictoires.

« *L'Église est dans l'État* (1). » Cette maxime fondamentale des libertés de l'Église Gallicane a joui d'une grande popularité autrefois.

Ces libertés sont des règles du droit public aussi anciennes que la monarchie française. Elles établissaient les limites de la puissance séculière, l'indépendance et les droits de la couronne, le pouvoir des rois comme *protecteurs de la discipline et des saints canons*, et les bornes des priviléges que leur piété et leur libéralité a accordés au Pape.

Mais quelle était dans la réalité l'influence sur l'ancienne monarchie de ce principe : « L'Église est dans l'État? »

Le roi était un souverain indépendant ; il était monarque absolu, et les formes qui ont tempéré son pouvoir, ne lui opposaient pas de résistance sérieuse. Aussi, nos ancêtres ont dit, dans leur bon sens : « Si veut le roi, si veut la loi. » Ce qu'un puissant monarque a rendu en ces mots : « L'État, c'est moi. »

La monarchie française s'étant établie avec l'appui des évéques, nos rois ont été conséquents en continuant de s'étayer de l'influence du clergé et en s'intitulant les fils aînés de l'Église, les protecteurs et gardiens de la foi catholique.

De là, cette place si grande que le clergé catholique a occupée naguères dans nos institutions politiques et féodales ; sa doctrine infusée dans les lois de l'État ; ses règles de discipline mélées à notre droit criminel et à notre droit civil.

L'ordre ecclésiastique tenait le premier rang dans les ordres de l'État.

Les ecclésiastiques, sans être nobles, jouissaient, comme la noblesse, de l'exemption des corvées, des francs-fiefs et des autres impositions roturières.

Non-seulement, le clergé était propriétaire de biens immenses qui formaient une partie notable de la fortune publique, mais ses biens étaient assimilés aux propriétés privilégiées.

Jusqu'en 1789, si l'on ne faisait une soumission entière, pour la discipline comme pour la foi, aux lois de l'Église, on n'était admis ni aux charges de judicature dans les cours de Parlement, bailliages, sénéchaussées, prévôtés et justices du roi, ni aux fonctions électives de maires, échevins, officiers municipaux, ni même aux professions libérales du barreau et de la médecine. Nul n'y était reçu qu'en vertu de billets de confession, prouvant qu'on était bon catholique. (Déclarations du roi du 13 décembre 1696, art. 13 et 14 ; du 14 mai 1724, art. 12, 13 et 14 ; arrêt du conseil du 13 septembre 1685).

L'Église avait ses pouvoirs spirituels et ses pouvoirs temporels, les premiers lui appartenant en propre et immuables, les seconds ne lui étant venus que par des concessions toujours révocables du souverain.

____

(1) *Principes de droit français*, par Poulain du Parc, 1767, in-12, t. i, p. 37.

Ses droits propres et indépendants de la couronne consistaient dans l'infaillibilité, le pouvoir d'enseigner, de prononcer sur les dogmes de la foi, *de faire des réglements sur la discipline ecclésiastique*, de célébrer les saints mystères, d'administrer les sacrements, de lier et de délier, *de retrancher de son corps les pécheurs impénitents et incorrigibles*, d'établir ses ministres, de les juger, *de leur imposer des peines canoniques, et même de les déposer.*

Cette juridiction essentielle de l'Église ne lui donnait de pouvoir que sur les consciences, SANS AUCUN DROIT DE COACTION, SANS TRIBUNAL EXTÉRIEUR ET SANS OFFICIERS DE JUSTICE (1).

Cependant l'Église avait une juridiction contentieuse et *temporelle*, qu'elle reconnaissait tenir uniquement de la concession des souverains.

On ne peut pas se figurer aujourd'hui à quel point la juridiction ecclésiastique avait empiété sur la juridiction civile dans les différents États de la chrétienté. Heureux du moins les rois qui ont su profiter de la réaction amenée par le protestantisme pour ressaisir des lambeaux du pouvoir que l'esprit théocratique avait annihilé dans leurs mains !

Ainsi, l'ordonnance de 1559, de François Ier, eut déjà elle-même le caractère d'une réforme ; mais le clergé de France fut assez prudent pour la laisser s'opérer sans bruit, comme nécessaire pour pallier les périls d'une réforme plus radicale encore dans le royaume.

« Toutes les entreprises de la juridiction ecclésiastique, dit Loiseau en son « *Traité des offices*, furent retranchées fort bien et à petit bruit par l'ordonnance « de 1559, qui, en six lignes, l'a remise et réduite au juste point de la raison, « laissant à l'Eglise *la connoissance des sacrements entre toutes personnes et des causes* « *personnelles entre les ecclésiastiques.* » (*Traité des offices*, n° 86.)

Les canons de l'Église ne s'étaient pas bornés à définir les crimes et délits commis contre la foi et la discipline de l'Église, à y appliquer des peines spirituelles ; ils ont souvent décrété des peines temporelles ; et on connaît les rigueurs de l'inquisition à Rome, en Espagne, en Portugal. Chez nous, ce fut une règle invariable que le juge ecclésiastique ne pouvait prononcer que les peines canoniques *établies par les canons reçus en France.*

« Ces peines, disent *les Principes*, sont plus ou moins grandes, à proportion du délit ou du crime. Les plus fortes sont : l'excommunication, la dégradation, la déposition et la perte de bénéfice, la suspense à perpétuité ou pour un temps. Il serait inutile d'entrer dans le détail des peines moindres, telles que les aumônes,

(1) *Les principes*, par Poulain-Duparc, t. I, p. 43.

les pénitences, la résidence plus ou moins longue dans un séminaire ou dans une une autre maison. *Ces peines sont sans doute canoniques.* »

« Il ne peut y avoir de difficulté que sur des peines qui ont l'apparence d'être canoniques, et sur lesquelles les auteurs sont partagés. Ces peines sont : la prison, le fouet et l'amende honorable, sans l'assistance du bourreau, *dont la présence est incompatible avec les peines prononcées par le juge ecclésiastique.*

« Le sentiment commun est que le juge peut condamner *à la prison,* pourvu que ce soit *dans les prisons de l'officialité.* » (*Principes,* Poulain du Parc.)

Si l'officialité appliquait à ses justiciables des peines qui parussent n'être pas canoniques, le remède était dans l'appel comme d'abus au parlement.

Le dernier degré de sévérité que l'official pût déployer contre les ecclésiastiques de son diocèse, c'était, selon le même auteur, l'interdiction des fonctions. et, « SANS GÊNER EN AUCUNE MANIÈRE LA LIBERTÉ DU PRÊTRE COMME CITOYEN (1). » Voilà la limite déjà bien posée entre le pouvoir religieux et le pouvoir civil.

Mais si les juges d'église ne pouvaient prononcer de peines afflictives et infamantes, et surtout la peine de mort, l'Église ne s'est pas fait faute d'obtenir de la puissance temporelle l'usage du glaive contre toute atteinte publique à ses doctrines et à l'autorité du Saint-Siége.

En effet, le roi, à son sacre, jurait de « vivre et de mourir dans la religion catholique, apostolique et romaine ; d'employer son autorité pour *détruire dans son état les fausses religions,* D'EXTERMINER, DE BONNE FOI, TOUS HÉRÉTIQUES NOTÉS ET CONDAMNÉS PAR L'ÉGLISE. » Bossuet (*Cérémonial français,* cité dans la *Politique tirée de l'Écriture sainte,* liv. VII, art. 5, prop. 18.)

Aussi, les ordonnances ont-elles prodigué la peine de mort contre ceux qui se rendaient coupables de faits qualifiés *crimes* par les canons de l'Église, l'hérésie, l'apostasie, le parjure, le sacrilége.

Dans les nombreux édits pour la révocation de l'Édit de Nantes, d'octobre 1685, janvier, août 1686 ; décembre 1698 ; janvier 1699, Louis XIV décrétait la peine de mort contre tous hérétiques, ou ceux professant en France d'autre religion que la catholique ; il condamnait ceux qui leur auraient donné retraite ; les hommes aux galères à perpétuité ; les femmes à être rasées et enfermées le reste de leurs jours ; les biens des uns et des autres étaient confisqués ; il était permis aux enfants des réformés de se marier sans le consentement de leurs pères et mères ; la confiscation des biens était prononcée contre ceux qui, ayant abjuré l'hérésie, refuseraient les sacrements de l'Église, etc.

______

(1) *Principes,* par Poulain du Parc, 1776, t. XII, p. 449.

Ces lois subsistèrent dans toute leur rigueur sous les règnes suivants. (Déclaration du roi du 14 mai 1724 ; enr. le 31 mai de la même année.)

« A l'occasion du bruit qui s'était répandu en Languedoc d'une certaine tolérance, le roi y fit publier les deux ordonnances des 17 janvier et 6 septembre 1750, qui défendaient sévèrement tout exercice public ou privé de la prétendue religion réformée » (*Code de la Religion*, t. i, p. 4 ; 1770).

Enfin, l'une des plus grandes usurpations de l'Église avait été de s'emparer, dans des temps d'ignorance profonde, où les clercs seuls savaient écrire, de la tenue des actes de naissance, de mariage et de décès ; elle avait ainsi dans sa main l'état civil, la généalogie, les successions, les mariages, tous les titres fondamentaux de la famille. Les ordonnances se bornèrent un peu tard à prescrire aux curés et aux vicaires de dresser en meilleure forme les actes de baptême, de mariage, de sépulture, et le clergé ne se crut pas obligé de s'y conformer.

Les théologiens ne voyaient dans le mariage qu'un sacrement ; quelques jurisconsultes osaient y voir un contrat civil. Par le mélange des lois canoniques et des ordonnances le mariage était un *contrat mixte*, renfermant à la fois un contrat civil et un contrat ecclésiastique ; de là des embarras journaliers dans la législation et dans la jurisprudence ; il y avait un perpétuel conflit entre le sacerdoce et l'empire, dans les jugements à rendre sur cette matière.

Quelquefois, la puissance séculière était plus vigilante ou plus consciencieuse dans l'intérêt des mœurs que la cour de Rome : ainsi elle combattait et déclarait nulles des dispenses de mariages obtenues de celle-ci à prix d'argent, pour couvrir une union que la loi civile réputait incestueuse et punissait de mort (1).

Naturellement aussi sous l'empire de la religion catholique, dominante et exclusive, si ceux engagés dans les vœux ou dans les ordres prétendaient s'en dégager et rentrer dans le monde, ils étaient assimilés aux hérétiques et encouraient toutes les sévérités de la loi concernant les crimes contre la foi et la discipline de l'Église. — Par exemple, le religieux, lié par des vœux perpétuels, en se mariant, encourait la peine capitale.

« Le chevalier de la Ferté-Imbaut, religieux de l'ordre des chevaliers de Saint-

---

(1) Ainsi un sieur Pourcher se proposant d'épouser, contrairement aux règles de l'honnêteté publique, la veuve en secondes noces de Levicomte dont il avait eu pour femme la propre fille, obtint une dispense du pape pour éluder la prohibition du mariage entre ascendants et descendants et les alliés au même degré. Les héritiers de Levicomte, dès l'instant où ils en sont informés, *appellent comme d'abus* tout à la fois et de l'exécution du rescrit de dispense adressé par S. S. à l'évêque d'Avranches, et de la permission donnée aux parties de se marier.

A la date du 27 décembre 1727, un arrêt du parlement de Normandie casse tout ce qui a été fait en vertu de la dispense particulière.

Un autre individu ayant obtenu dispense pour épouser la veuve du fils que sa femme avait obtenu

« Jean-de-Jérusalem, ayant fait profession de la religion prétendue réformée, et
« ayant ensuite contracté mariage, le frère dudit chevalier s'étant pourvu, fit
« casser ce prétendu mariage, avec défense audit chevalier de fréquenter celle
« qu'il disait avoir épousée, A PEINE DE VIE. » (Fevret, *ibid.*, p. 55.)

G'est par le même principe de l'autorité prédominante dans le royaume de la
foi catholique, et du crime attaché à la violation du vœu de chasteté, que, dans
la jurisprudence de quelques parlements de France, l'ordination fut envisagée
comme un empêchement dirimant au mariage du prêtre.

« Quiconque sert à l'autel, disait l'avocat général Talon (dans la cause de
« Tridon, ci-devant prêtre, chanoine d'Avallon et curé de Persignol, marié à
« Marie Bernardet, fille d'un procureur et notaire à Château-Chinon), qui est
« employé dans les sacristies et le ministère des choses saintes, en qualité d'or-
« diné, de sanctifié, *il est incapable de mariage.* — L'opinion contraire à cette
« maxime est *l'hérésie* dans un royaume très-chrétien, et *l'action contraire est un*
« *crime capital selon nos mœurs.*

« Si un prêtre se marie, soit qu'il cache ou avoue son ordre, il peut être pour-
« suivi *extraordinairement*, non-seulement à la requête de celle qu'il a abusée,
« mais même à la diligence du procureur général et de ses substituts. *Les exem-*
« *ples en sont publics à la Tournelle.* Et si un homme marié se faisoit promouvoir
« à l'ordre de prêtrise, son impiété passeroit pour un sacrilége et MÉRITEROIT LA
« MORT.

« Mais l'on demande si un prêtre ayant fait profession de la prétendue religion
« réformée et s'étant engagé dans une nouvelle profession permise et professée
« publiquement dans le royaume, peut être empêché de contracter un mariage,
« lequel est permis dans la religion nouvelle qu'il a embrassée? »

« LES MAXIMES DE LA RELIGION CATHOLIQUE, DE LA RELIGION DU ROI ET DE
« L'ÉTAT, répond M. l'avocat général (à une époque où elle demeurait *dominante*,
« quoique non encore *exclusive*, comme elle l'est devenue par la révocation de
« l'édit de Nantes), nous enseignent et nous obligent de croire que le caractère
« de la *prêtrise* est une marque spirituelle... caractère semblable à celui du
« baptême et de la confirmation... l'ordre de la prêtrise ainsi que celui du baptême
« ne se réitère jamais; *et quelque crime qu'un ecclésiastique ait commis, il ne*

d'un précédent mariage, sur l'*appel comme d'abus* émis par les parents de l'exécution du rescrit, dé-
fenses sont encore faites aux parties de passer outre à la solennisation du mariage, et ce *sous peine*
de la vie.

Les parties s'étant pourvues en cassation contre cet arrêt au conseil privé des parties, l'arrêt du conseil confirma celui du parlement de Normandie, après que le rapporteur eut pris l'avis du Parquet au
sujet de la validité ou invalidité du rescrit apostolique. (*Traité de l'abus* par Fevret, l. V, c. III, p. 50).

« *perd pas la puissance de son ordre.* » (*Journal des audiences,* 1640, t. ı, p. 263).

Voilà bien les maximes par lesquelles la religion catholique a, jusqu'en 1789, dominé exclusivement en France l'autorité souveraine et les peuples dociles à sa voix ; elle dirigeait puissamment le bras séculier, excitait le zèle de MM. les gens du roi, gardiens des conciles et des usages de l'Église, faisait poursuivre *extraordinairement* quiconque y portait atteinte, enchaînait à leurs vœux par la terreur, jusqu'à mettre en danger de condamnation à mort les clercs qui, prétendant rentrer dans le monde et y contracter mariage, auraient violé les lois de l'Église et profané ce sacrement, ainsi que le caractère du prêtre.

Aux époques où se sont produits en France les plus grands excès du zèle pour les doctrines ultramontaines, il s'est trouvé aussi des esprits graves et savants, joignant les lumières et le patriotisme à une haute intelligence des questions religieuses, qui ont défendu la puissance temporelle contre les prétentions de la cour de Rome.

L'Église Gallicane avait, à la vérité, ses coutumes et ses maximes propres, auxquelles ne faisaient que s'ajouter les canons de l'Église romaine, reçus en France. Mais pouvaient-elles n'être pas empreintes d'un esprit tout théocratique, tant que le catholicisme a été, en France, non-seulement dominant, mais même exclusif?

C'est ainsi que l'intolérance en matière de religion avait fini par séparer de la France un grand nombre de familles de mœurs laborieuses, exemplaires et pures, de citoyens industrieux et habiles, qui avaient porté dans les pays voisins l'esprit des découvertes dans les arts et manufactures, mais que le génie du commerce rattachait encore à la patrie, en dépit d'une absurde proscription.

Mais, selon les lumières en histoire, en politique, en législation, en économie publique, que la philosophie versait à pleins flots sur la fin du dix-huitième siècle, le pouvoir souverain de la France était appelé par les vœux du pays à devenir tout laïc, et à rompre sa vieille alliance encore trop invétérée, trop intime, avec l'autorité spirituelle de l'Église catholique ; les libertés de l'Église Gallicane, elles-mêmes, quoique pleines de sagesse et de sentiment du bien public, ne pouvaient plus suffire aux nouveaux besoins d'émancipation religieuse.

Le temps était venu enfin, où tous les grands pouvoirs de l'État allaient rendre compte à la nation d'odieuses usurpations, d'abus criants et vexatoires, de priviléges grossis et dénaturés avec le temps, d'un gaspillage déplorable de la fortune publique, de toutes ces douleurs latentes des vieilles sociétés en dissolution qui tendent à se régénérer dans un droit nouveau, sous l'inspiration de la philosophie, de la liberté et d'un puissant instinct de progrès social.

En un jour, en effet, tous les priviléges ont été abolis, les abus supprimés, les pouvoirs remis à leur place ; l'autorité civile s'est enfin dégagée de toute immixtion théocratique, de toute solidarité avec les intérêts privatifs d'un culte et de son sacerdoce.

Aurait-il pourtant, ce même culte, le privilége de soustraire encore aujourd'hui à l'holocauste des titres surannés et des abus abolis, une doctrine fondée sur quelques arrêts, un usage de l'Église de France, c'est-à-dire la plus contestable et la plus incertaine des autorités en législation? C'est ce que nous avons à examiner maintenant.

§ II. *Vicissitudes de la religion catholique dans nos révolutions depuis un demi-siècle.*

En se constituant et en s'attribuant à elle seule une souveraineté réformatrice, l'*Assemblée nationale* brisait les trois ordres de l'État, privait par conséquent le clergé de la prérogative consistant à être le premier dans l'ordre politique, et rendit la puissance législative purement laïque, c'est-à-dire tout à fait indépendante d'aucun pouvoir religieux.

Bientôt, par l'abolition des droits féodaux et des dîmes, elle privait d'une grande partie de leurs ressources le clergé catholique ainsi que les abbayes et couvents (Décrets, 4, 5, etc. août 1789.)

La proscription entière et définitive des vœux monastiques et des couvents fut prononcée (1er novembre 1789-19 février 1790).

Un coup non moins funeste pour le clergé, ce fut le décret qui mit tous les biens à la disposition de la nation et en ordonna la vente (2 novembre 1790).

Par décret du 13 avril 1790, la motion de déclarer que la religion catholique, apostolique et romaine, demeurerait *religion de l'État,* et que son culte serait le seul *public et autorisé,* fut l'objet d'un ordre du jour, motivé sur ce que *l'assemblée n'avait et ne pouvait avoir aucun pouvoir sur les consciences et les opinions religieuses.*

Ainsi, en même temps que la souveraineté se déclarait purement laïque, le culte catholique était soumis au principe de l'*indépendance religieuse individuelle,* ou de la liberté extérieure des cultes, quoique étant celui de la grande majorité des Français.

Cependant à ce dernier titre, l'Assemblée constituante entendait le protéger, l'entourer de vénération (1), subvenir à tous ses frais par un vote annuel sur les

(1) L'assemblée en corps se rendit à Notre-Dame pour y célébrer un *Te Deum* après l'abolition des droits féodaux et des dîmes et lorsque le roi agréa le titre de *restaurateur de la liberté française.*

fonds du trésor, comme pour toutes les autres dépenses de l'État, le maintenir enfin dans son exercice public et dans sa discipline.

Ainsi, tandis que les couvents étaient complétement évacués et abolis, il était décrété, le 14 août 1790, que les traitements de tous les ecclésiastiques seraient payés chaque année en argent; qu'il serait porté dans les dépenses de l'État une somme suffisante pour fournir aux frais du culte de la religion catholique, apostolique et romaine, à l'entretien des ministres des autels, et aux pensions des ecclésiastiques, tant séculiers que réguliers.

Enfin, l'Assemblée constituante voulut réorganiser le clergé de France sur la base de l'élection ou de la *liberté intérieure* dont l'Église avait joui anciennement en France.

Par son décret du 16 juillet 1790 sur la constitution civile du clergé, considérant les ministres de la religion comme *exerçant les premières et les plus importantes fonctions de la société*, l'Assemblée constituante les soumit à l'élection et au serment à la constitution et aux lois, comme tous les autres fonctionnaires.

Mais l'esprit ultramontain du clergé produisit un schisme et la dispersion de ses membres les plus considérables; et d'ailleurs ils tenaient de trop près au parti de la résistance contre l'œuvre non comprise d'une grande révolution, pour n'en pas être bientôt d'illustres martyrs.

Les principes de celle-ci n'en furent pas moins formulés d'une manière aussi durable que solennelle dans la constitution du 14 septembre 1791.

Préambule.—Art. 2. « Le but de toute association politique est la conservation « des *droits naturels* et imprescriptibles de l'homme. Ces droits sont : la liberté; « la propriété, la sûreté et la résistance à l'oppression.

Art. 4. « La liberté consiste à pouvoir faire ce qui ne nuit pas à autrui : ainsi, « l'exercice des *droits naturels* de chaque homme n'a de bornes que celles qui « assurent aux autres membres de la société la jouissance de ces mêmes droits. « *Ces bornes ne peuvent être déterminées que par la loi.*

Art. 10. « Nul ne doit être inquiété pour ses opinions, même religieuses, « *pourvu que leur manifestation ne trouble pas l'ordre établi par la loi.*

Dispositif. — « La loi ne reconnaît plus ni *vœux religieux*, ni aucuns autres « engagements qui seraient contraires aux *droits naturels* ou à la constitution.

Tit. Ier. « La constitution garantit, comme *droits naturels et civils*, la liberté à « tout homme de parler, d'écrire, d'imprimer et de publier ses pensées... *et d'exer-* « *cer le culte religieux auquel il est attaché.*

« Le pouvoir législatif ne pourra faire aucunes lois qui portent atteinte et met- « tent obstacle à l'exercice des *droits naturels et civils consignés dans le présent* « *titre,* et garantis par la constitution.

« Les citoyens ont le droit d'élire ou de choisir les ministres de leur culte. »

En résumé, l'Assemblée constituante a posé ces bases d'un ordre de choses tout nouveau :

I. Séparation complète entre l'autorité des lois et du gouvernement et l'autorité ecclésiastique ;

II. Indépendance absolue de chacun pour son culte et ses opinions religieuses ;

III. Protection pour le culte catholique, mais sans prééminence sur les autres cultes devant la loi. Egalité parfaite entre les cultes.

Sous la Convention nationale, le clergé était dispersé par le schisme, l'émigration et la terreur ; les édifices religieux, avant d'être profanés par l'orgie révolutionnaire, étaient déjà abandonnés des fidèles. Mais cet odieux gouvernement eut bientôt honte de lui-même : il reconnut un Dieu et la liberté des cultes.

Dans la Déclaration du 24 juin 1793 il fut dit :

Art. 7. « Le droit de manifester sa pensée et ses opinions... le libre exercice des cultes, *ne peuvent être interdits.*

Art. 122. « La constitution garantit à tous les Français la liberté, l'égalité... *le libre exercice des cultes*, la liberté indéfinie de la presse. »

Ainsi, à cette époque, plus de protection spéciale pour le culte de l'Eglise catholique, apostolique et romaine ; les traitements de ses ministres ne sont plus portés parmi les dépenses publiques ; les édifices religieux ni les presbytères ne seront plus entretenus aux frais de l'Etat ; ils étaient livrés à la spéculation, et livrés par la barbarie à une démolition imminente et complète.

Cette nouvelle manière d'entendre la liberté des cultes, exclusive d'aucun sacerdoce reconnu par l'Etat, de temples ouverts au public, et surtout de toute réunion officielle, est expliquée par la loi spéciale du 3 ventôse an III.

Art. 1er. « Conformément à l'art. 7 de la Déclaration des droits de l'homme et « de l'art. 122 de la constitution, l'exercice d'aucun culte *ne peut être troublé.*

Art. 2. « La république *n'en salarie aucun.*

Art. 3. « Elle ne fournit *aucun local,* ni pour l'exercice du culte, ni pour le lo- « gement des ministres.

Art. 4. « Les cérémonies de tout culte sont interdites hors de *l'enceinte choisie* « pour leur exercice.

Art. 5. « *La loi ne reconnaît aucun ministre de culte ;* nul ne peut paraître en « public avec les habits, ornements ou costumes affectés à des cérémonies reli- « gieuses.

Art. 6. « *Tout rassemblement de citoyens* pour l'exercice d'un culte quelconque

« est soumis à la surveillance des autorités constituées. Cette surveillance se ren-
« fermera dans *des mesures de police et de sûreté publique.* »

Les articles suivants interdisent tout signe particulier à un culte qui serait placé soit dans un lieu public, soit extérieurement, toute publication ou proclamation pour y inviter les citoyens, toute acquisition ou location d'un local pour eux comme pour l'affecter au culte, toute dotation perpétuelle ou viagère, et *toute taxe pour en acquitter les dépenses.*

Art. 10. « Quiconque troublerait par des violences les cérémonies d'un culte « quelconque, ou en *outragerait les objets,* sera puni suivant la loi du 22 juillet « 1794 sur la police correctionnelle... »

Ainsi, cette législation professait une indifférence absolue pour tous les cultes, elle en interdisait l'exercice public et la manifestation extérieure; elle ne protégeait les cultes qu'autant que leur exercice procéderait d'un zèle spontané, tout individuel, et ne serait en rien stimulé, ni soutenu par l'autorité, ni publique, ni même municipale.

Il faut dire que ce système négatif et indifférent à toute religion était imité de la constitution fédérale des États-Unis d'Amérique, dont l'article 2 porte : « Le « congrès ne pourra faire aucune loi relative *à l'établissement d'une religion,* ou « pour en prohiber une. »

La constitution de l'an III, dans son article 354, s'est conformée aux termes de l'art 7 de la précédente : « *Nul ne peut être empêché* d'exercer, en se conformant « aux lois, le culte qu'il a choisi. »

« Nul ne peut être forcé de contribuer aux dépenses d'un culte. — *La républi-* « *que n'en salarie aucun.* »

Tristes importations qui froissaient les habitudes et les sentiments fortement enracinés dans les familles, à quelque culte qu'elles fussent attachées. Cette indifférence du législateur, ce refus de concours du gouvernement et des communes contrastait avec les vœux et les besoins exprimés de toutes parts.

La constitution de l'an III fit enfin place à celle de l'an VIII. Le gouvernement consulaire accepta la plus belle des missions, celle de reconstituer l'ordre social sur deux bases, le rétablissement de l'exercice public des cultes et la préparation d'un nouveau code civil.

Il a été loisible de supposer que, dès ce moment, le premier Consul eût conçu le projet, alors téméraire, de fonder une nouvelle monarchie, et qu'il ait rêvé déjà la couronne de Charlemagne, posée sur sa tête par le souverain pontife de Rome.

Cependant, dans tout le cours de ses négociations avec le pape, au sujet du rétablissement du culte catholique en France, il ne lui est pas échappé un mot contraire à l'esprit et aux principes de la constitution de 1791. (1)

D'après l'article 50 de la dernière constitution, celle de l'an VIII, les déclarations de guerre et de paix, d'alliance et et de commerce, devaient être proposées discutées, decrétées et promulguées comme des lois.

Dès lors, S. S. le pape, en traitant avec le premier Consul, n'ignorait pas que le gouvernement ne pouvait rien concéder dans le Concordat de contraire aux principes constitutionnels ou fondamentaux du gouvernement de la république, et que le Concordat n'aurait d'autre autorité en France que celle de la loi qui aurait été faite pour sa promulgation.

Le Concordat et les articles organiques sont, pour la France, une seule et même chose, une seule et même loi ; le clergé catholique ne peut la méconnaître, ni dans ses dispositions, ni dans son esprit sous le prétexte du rétablissement de ses droits et prérogatives.

C'est d'abord un simple fait que le gouvernement consulaire a reconnu, en déclarant que la religion catholique, apostolique et romaine était celle de la *grande majorité des français*.

Il a promis que la religion catholique serait librement exercée en France ; que son culte serait public en se conformant aux règlements de police que le gouvernement aurait jugé nécessaire pour la tranquillité publique.

Le gouvernement consulaire ne s'est point engagé à rétablir le clergé dans ses biens ni dans ses anciennes prérogatives.

Il a seulement promis de remettre à la disposition des évêques les églises métropolitaines, paroissiales ou autres, non aliénées, nécessaires au culte.

Les nominations aux évêchés devant être faites par le premier Consul, il s'ensuivait que les traitements des évêques et des curés ainsi que les frais de construction, réparation et entretien des édifices consacrés au culte, seraient à la charge du trésor public.

(1) Les vues dans lesquelles le gouvernement a souscrit le Concordat sont ainsi expliquées par l'historien du Consulat et de l'Empire : « Le premier Consul forme le projet de réconcilier la République française et l'Eglise romaine, en traitant avec le Saint-Siége *sur la base même des principes posés par la révolution.* Plus de clergé constitué en pouvoir politique, plus de clergé propriétaire ; c'était chose impossible en 1800 ; un clergé uniquement voué aux fonctions du culte, salarié par le gouvernement, nommé par la loi, confirmé par le pape : une circonscription nouvelle des diocèses, qui comprenait soixante siéges au lieu de cent cinquante-huit, existant jadis sur le territoire de l'ancienne et de la nouvelle France : la police des cultes déférée à l'autorité civile, *la juridiction sur le clergé au conseil d'État en remplacement des parlements abolis :* tel était le plan du premier Consul. C'était la constitution civile décrétée en 1790, avec les modifications qui pouvaient les rendre acceptables à Rome. C'était, en un mot, la véritable réforme du culte, *la réforme à laquelle la révolution aurait dû se borner* pour la rendre acceptable au pape, condition qu'il ne fallait pas mépriser ; car tout établissement religieux était impossible sans un accord sincère avec Rome. (*Hist. du Consulat et de l'Empire*; tome III, p. 226).

La loi du 18 germinal an X a en effet consacré sur ces bases le rétablissement du culte catholique ; mais une autre loi du même jour assurait les mêmes avantages au culte protestant.

« Le gouvernement, disait Lucien Bonaparte au corps législatif, rétablit la religion catholique ; mais *en déclarant cette religion publique,* il organise celle des autres cultes d'une manière semblable *parce qu'en fait de conscience la majorité n'impose pas la loi.* »

Bien plus : « En s'occupant des autres cultes, disait Portalis, le gouvernement n'a pas perdu de vue la religion juive. Elle doit participer comme les autres à la liberté décrétée par nos lois. »

Ainsi donc, en signant le Concordat, en le faisant adopter comme *loi de l'État,* en vertu des articles organiques, le gouvernement consulaire a effacé le système d'indifférence et de mépris même, affiché par les décrets de la Convention. Il est entré, au contraire, dans un système de protection, de participation dans la part du gouvernement au rétablissement actuel, et de coopération perpétuelle à l'organisation du culte catholique, à l'administration de l'Église. — Mais a-t-il entendu lui rendre aucune action sur la liberté des citoyens, quels qu'ils fussent, donner un appui temporel aux règles de discipline, en tant que l'ordre public ne serait pas troublé ? Il a placé tous les cultes sur un pied d'égalité parfaite, pour les protéger comme institutions religieuses, mais sans rien sacrifier à la cour de Rome du *droit individuel des citoyens en matière religieuse, et de leur indépendance absolue en matière de culte.*

Le gouvernement consulaire fit bientôt place à une seule personne, à Napoléon, empereur. S'il se fit un instrument de puissance des flatteries officielles du clergé, en même temps il n'en montra que plus d'exigence envers la cour de Rome, et le système d'hostilité et de rigueur dans lequel il entra vis-à-vis du Pape repousse bien loin la supposition qu'il eût jamais entendu faire à l'Église de concessions contraires au vœu et aux principes du nouveau droit public de la France. (1) — Mais tous les ressorts·de sa politique s'usèrent promptement, et un jour son sceptre se brisa dans ses mains.

Les auteurs de la Charte de 1814 y insérèrent que la religion catholique, apostolique et romaine, était la *religion de l'État.* Elle proclamait en même temps

---

(1) Par le Concordat de Fontainebleau, du 13 février 1813, Napoléon ôtait au pape la faculté de laisser vacants les évêchés faute d'institution canonique. Le décret du 25 mars 1813 fut plein de sentiments de défiance contre le clergé ; l'art. 5 portait que *les cours impériales connaîtraient des affaires connues sous le nom d'appels comme d'abus,* ainsi que de toutes celles qui résulteraient de la non exécution des lois du Concordat. — D'après l'art. 6, un projet de loi devait être préparé pour déterminer la procédure et les peines applicables dans ces matières ; mais ce décret a été abrogé par l'ordonnance royale du 29 juin 1814, concernant l'organisation du conseil d'Etat, quant aux appels comme d'abus.

la liberté des cultes; le Concordat de l'an X et les articles organiques sont demeurés en vigueur.

Cette déclaration d'une *religion d'État* pouvait servir de prétexte à modifier le droit existant ; mais elle n'y apportait pas d'altération immédiate. Il en est résulté des lois impopulaires, telles que celles concernant la punition du sacrilége, l'établissement d'un banc des évêques dans la chambre des Pairs, puis des tendances alarmantes pour la liberté des consciences. Ce fut l'un des griefs de l'opinion publique et l'une des causes manifestes qui ont, en 1830, précipité le renversement de la maison régnante

Aussi, ces mots imprudents « Religion de l'État » furent-ils rayés de la Charte de 1830, et remplacés par le texte, seul vrai et admissible, du Concordat, signalant la religion catholique, apostolique et romaine, comme le *culte de la majorité des Français.*

Cependant, cette dernière constitution assure, comme celle de 1814, la même protection à tous les cultes reconnus, c'est-à-dire que toute profession religieuse aura droit au même concours de la part du gouvernement. Depuis 1830, le culte juif a obtenu que ses rabbins fussent également salariés par l'État, comme les ministres des diverses communions chrétiennes.

C'est ainsi que, par une politique, à la fois religieuse et morale, régnant depuis un demi-siècle, la loi, bien loin d'être indifférente aux cultes comme la loi américaine, les accueille, au contraire, les protége et les soutient, surveille et conserve leur discipline intérieure, leur ouvre des temples, salarie les prêtres, réprime enfin par les lois pénales toute cause de trouble à l'exercice du culte, toute attaque ou injure contre ses ministres.

Mais cette protection est identiquement la même pour tous les cultes reconnus ; de sorte qu'il ne peut y avoir, ni prédominance du culte catholique sur aucun autre, ni action des lois religieuses au préjudice de la liberté naturelle et des droits civils d'aucun citoyen ; ainsi donc, indépendance individuelle en matière de religion, égalité parfaite entre tous les cultes, voilà nos canons, nos libertés religieuses, et un droit désormais inviolable (1).

(1) Tout ce que nous venons de déduire en parcourant les diverses phases de la Révolution se résume dans ce peu de mots du vénérable historien des XVIII et XIXe siècle, esprit éminemment modéré et religieux : « Pour moi, dit-il, je sens avec délices combien *la liberté des cultes,* loi de mon pays, et qui va devenir la loi du monde, aide à la propagation de l'Évangile, et ajoute un calme pur, un vaste épanchement de bienveillance au *sentiment religieux* ; on le croyait mort dans les plus terribles années de la révolution, et on l'a vu se réveiller de lui même, *avec un faible concours de l'autorité politique,* et, depuis, se maintenir et se réveiller encore, *malgré l'appui très - inconsidéré* que lui prêta un gouvernement *rétrograde jusqu'à la vieillesse de Louis XIV.* » (*Testament philosophique et littéraire* de Charles Lacretelle (page 73).

§ III.—*De l'autorité des canons de l'Église d'après les art. 6 et 26 des articles organiques sur la question du mariage civil d'un prêtre catholique.*

« Ce n'est que dans ces derniers temps, disait Portalis, dans le *Discours préli-*
« *minaire* de son projet du Code civil, que l'on a eu des idées précises sur le
« mariage. Le mélange des institutions civiles et des institutions religieuses avait
« obscurci les premières notions. Les théologiens ne voyaient dans le mariage
« que le *sacrement*; la plupart des jurisconsultes n'y voyaient que le contrat
« civil. Quelques auteurs faisaient du mariage une espèce d'acte mixte, qui ren-
« ferme à la fois et un contrat civil et un contrat ecclésiastique. *La loi naturelle*
« *n'était comptée pour rien dans le plus grand acte de la nature....*
« Mais nous sommes convaincus que le mariage, qui existait avant l'établisse-
« ment du christianisme, qui a précédé toute loi positive, et qui dérive de la
« constitution même de notre être, n'est ni un *acte civil* ni un *acte religieux*, mais
« *un acte naturel qui a fixé l'attention du législateur* et que la religion a sanc-
« tifié. »

La constitution de 1791 a prononcé l'abolition de tous les vœux monastiques et
de tous les engagements contraires aux droits naturels ; elle a supprimé comme
abus tous les priviléges, *toute exemption au droit des Français.* Elle a déclaré en
même temps que le législateur ne pourrait faire aucunes lois qui portent atteinte
et *mettent obstacle à l'exercice des droits naturels et civils consignés dans le présent
titre et garantis par la constitution.*

Sous la garantie de ces principes du nouveau droit public de la France, Jacques Vignaud et Madeleine Bertrand se présentent à l'officier de l'état civil de la
commune de La Croix pour contracter un mariage civil.

Le premier, qui s'était trompé sur sa vocation en se faisant ordonner prêtre,
qui n'avait pu garder la pureté des mœurs qu'exige cet état, avait d'abord donné
sa démission des fonctions ecclésiastiques ; puis, son évêque l'avait interdit. Il
avait enfin embrassé le culte protestant. Ayant eu deux enfants de son commerce
avec Madeleine Bertrand, l'un et l'autre demandaient à la loi de régulariser leur
union et de donner à ces enfants un état légitime.

Le ministère public, agissant d'office, forme opposition à ce mariage. La main-
levée de cette opposition est demandée au tribunal de Bellac. Les principes en
matière de célébration de mariage sont sans contredit d'ordre public ; l'intérêt
des mœurs est surtout de valider l'union autant que possible, de couvrir le scandale du libertinage et de donner une famille à des enfants qui sont innocents du
vice de leur naissance.

Ainsi donc, pour qu'une opposition soit faite dans l'intérêt public même, il faut que la partie publique se fonde sur un droit bien positif, formel et irrécusable. Cependant, le tribunal de Bellac avait déclaré nulle et non avenue l'opposition du ministère public.

L'arrêt attaqué l'admet au contraire, comme justifiée par les articles organiques du Concordat, qui, en posant les règles et conditions du rétablissement de la religion catholique, apostolique et romaine, en France, ont rendu *force de loi* aux canons reçus en France et *aux anciennes libertés françaises, maximes et coutumes de l'Église Gallicane.*

Sans doute cette religion, lorsqu'elle était dominante et exclusive, avait un droit officiel et positif, qui tenait une place importante parmi nos lois politiques et civiles.

Mais les révolutions se sont succédé, et il en est resté l'entière indépendance des citoyens pour la religion.

Or, les lois du Concordat ont-elles dérogé, sous ce rapport, aux principes de la constitution de 1791?

D'une part, l'empêchement dirimant du mariage n'a jamais été qu'une règle de discipline de l'Église.

Les canons qui l'ont établi ont ils été reçus en France?

S'ils ne l'ont pas été, mais qu'un ancien usage de la France toute catholique y ait suppléé, cet usage peut-il avoir force de loi aujourd'hui?

Les articles organiques ont-ils fait revivre les règles canoniques, de telle manière que le caractère du prêtre efface les droits du citoyen?

Telles sont les questions que nous avons maintenant à résoudre.

Dans l'ordination du prêtre, il y a trois éléments, d'abord l'institution divine, ou les pouvoirs et les conditions, qui ont leur source dans la parole même du Christ; les traditions des apôtres, et enfin les règles de discipline émanant de l'Église elle-même, selon qu'elle en reconnaît le besoin.

Il est d'abord constant que le mariage n'a été défendu aux prêtres, ni par l'expresse parole de l'auteur de l'Évangile, ni par la doctrine des apôtres; cette prohibition est si peu inhérente au caractère du sacerdoce chrétien, que le mariage n'a jamais été interdit aux prêtres de l'Église d'Orient dont le patriarche est nommé par le Pape, et qui reste soumis en toutes choses à son autorité.

Pendant les premiers siècles de l'Eglise, le mariage était non-seulement permis à ceux qui se chargeaient d'enseigner l'Évangile et d'allumer le flambeau de la foi, c'est-à-dire aux premiers pasteurs : il était autorisé par la doctrine et l'exemple des Apôtres. Ceux-ci, à l'exception de deux, Pierre et Jean, étaient mariés. Saint Paul recommande aux évêques de n'avoir qu'une épouse, une maison tranquille et bien ordonnée, et des enfants respectueux et soumis ? *Domum bené constitutam et filios subditos.*

Prohiberi nuptias, nusquàm omninò legimus, a dit Tertullien.

« Tant que le peuple élut lui-même les prêtres, dit saint Jérôme, il préféra ceux qui étaient mariés. »

A la fin du troisième siècle et au commencement du quatrième, l'Église se prit à recommander aux prêtres une continence absolue, à l'exemple des religieux, mais sans exclure du sacerdoce ceux qui seraient en état de mariage; elle leur fit seulement un cas de conscience de continuer à vivre maritalement.

« Omnibus placet ut episcopi, presbyteri et diaconi, vel qui sacramenta con-« trectant, pudicitiæ custodes, etiam ab uxoribus abstineant. » Conciles d'*Elvire* 305, *Carthage* 390, *Tours* 566.

Au neuvième siècle, la discipline de l'Église a fait un nouveau pas, en se montrant plus sévère : elle exclut du sacerdoce celui qui sera *entré dans les liens du mariage.* « Presbyter, si uxorem acceperit ab ordine deponatur. » (Concile de *Paris,* 829, 55° canon ; *Augsbourg,* 952.)

Yves de Chartres écrivait à Gélon, évêque de Paris, que si pareille chose était arrivée dans son diocèse, *il laisserait subsister le mariage,* et se contenterait de laisser descendre le coupable à un ordre inférieur.

Enfin l'Église romaine a fini par adopter comme une règle absolue de discipline le célibat des prêtres, en n'admettant plus personne dans les ordres qu'à la condition du vœu de chasteté ; en conséquence, l'état de prêtre fut déclaré un empêchement absolu et dirimant du mariage : de telle sorte que les prêtres ne pussent vivre avec une femme qu'en état de concubinage et d'une sorte d'inceste qui devait être poursuivi jusqu'à la séparation des conjoints ; et les enfants qui naîtraient d'eux ne pouvaient être que des bâtards.

Dans les deux conciles généraux de Latran, tenus en 1123 et 1139, le mariage fut interdit aux prêtres de la manière la plus impérieuse. — Les décrets de ces conciles ne furent jamais publiés en France. Mais on comprend qu'ils ne firent pas moins d'impression dans toute la chrétienté, et qu'à cette époque de privation absolue de lumières et d'esprit de discussion, ce qui était décrété par le pape entrait facilement dans la coutume et acquérait l'autorité de fait, pour y réunir un jour celle de l'ancienneté séculaire.

Le vœu de célibat pour le prêtre n'était pas une condition essentielle de sa mission et de son caractère, mais seulement un usage procédant de mysticisme et d'idées fort étranges pour notre siècle. Car aujourd'hui la morale se fonde, comme les autres sciences, sur l'observation ; si le prêtre est, par ses idées extatiques comme aux antipodes de la société, ses inspirations, ses enseignements et ses conseils vertueux ne seront plus éclairés par la connaissance des hommes et par l'expérience des grandes difficultés de la vie.

Au concile de Latran, l'empereur d'Allemagne, le duc de Bavière, et principalement le roi de France, par le ministère de son ambassadeur, de Lansac et du cardinal de Lorraine, firent représenter, dans des mémoires pressants, que l'Église devrait modifier ses maximes et ne pas exiger de ses prêtres une condition adoptée en d'autres temps, mais devenue critique.

On a souvent rappelé que, dans un moment d'indécision de la part du concile, le pape Pie IV avait énergiquement repoussé la proposition de rendre aux prêtres la liberté du mariage, sur un motif tout humain et dans le seul intérêt de la puissance des papes. « Etant évident, disait-il, que le mariage, introduit dans le clergé, *détacherait les prêtres de l'indépendance du Saint-Siége*, en tournant toute leur affection vers leurs femmes, leurs enfants et leur patrie; que leur permettre de se marier c'était détruire la hiérarchie et *réduire le pape à être évêque de Rome.* »

Le cardinal Scarpi ajoutait que les prêtres, une fois mariés, leurs femmes et leurs enfants seraient autant d'otages de leur *obéissance à leurs princes*, et que bientôt la puissance du pape ne passerait pas les barrières de Rome.

Nous lisons dans l'histoire de ce concile, par le même Scarpi, que le mariage était défendu à deux sortes de personnes, et pour diverses causes : aux *clercs séculiers*, à cause de l'ordre sacré, par loi ecclésiastique, et aux *réguliers*, à cause du vœu solennel, par loi divine; que la défense du mariage, faite par constitution ecclésiastique, pouvait être ôtée tout à fait par le pape; que même, si elle demeurait en vigueur et sur pied, le pape en pourrait dispenser; on alléguait les exemples de ceux qui avaient été dispensés, et l'usage de l'ancienneté ; que quand un prêtre se mariait, ce mariage n'était pas rompu, mais le prêtre se démettait du ministère : ce qui avait toujours été observé jusqu'au temps d'Innocent II, le premier de tous les papes qui ordonna que tel mariage fût tenu pour nul. Mais, pour ceux qui sont obligés à continence par VŒU SOLENNEL, attendu que ce vœu est de *droit divin*, le pape ne peut en dispenser. (Hist. du conc. de Trente, par Paul Scarpi, *en français*, 1635, p. 800.)

Cette distinction entre le *vœu solennel* du monastère, qui serait de droit divin, et le *vœu implicite*, qui n'est que de *pure discipline*, est digne d'attention. Des théologiens soutenaient que le pape pouvait relever du second de ces vœux, mais non du premier.

Toutefois, le concile a défendu le mariage aux clercs séculiers, soit que le célibat dût être considéré comme résultant d'un *vœu solennel*, soit que ce fût simplement une règle de *discipline ecclésiastique*, éludant de se prononcer, afin de déclarer l'empêchement au mariage dirimant sous l'une ou l'autre face de la question, et en même temps pour ne pas ôter au pape le pouvoir d'accorder des dispenses dans les deux cas. C'est ce qu'explique Van-Espen sur le canon 9 de la 24ᵉ session du concile (1).

« Les mariages contractés par les prêtres et par les diacres et les sous-diacres, sont nuls, dit d'Héricourt, puisqu'il y a dans l'Église romaine *un lien tacite* MAIS SOLENNEL *de chasteté*, qui est attaché à la réception de l'ordre sacré du sous-diaconnat.

« NOTA. On accorde des dispenses à ceux qui ont été forcés de recevoir le sous-diaconnat. On rapporte même quelques exemples de papes *qui ont permis à des princes, qui étaient dans les ordres sacrés, de se marier,* pour procurer le repos et la tranquillité des États. » (*Loi ecclésiastique*, 480, nº XI).

L'Église a fait ainsi retourner le vœu du célibat du prêtre à sa source, en l'assimilant au *vœu solennel* du religieux, comme étant deux choses identiques ; elle en a tiré la conséquence que l'empêchement dirimant existait pour la prêtre séculier, comme pour le régulier, lequel était, d'ailleurs, *en état de mort civile.*

Ceci ne sera pas sans utilité pour la question actuelle.

Avant nous, les jurisconsultes qui l'ont si savamment traitée, ont fait d'utiles recherches pour établir que les conciles de Latran, ni celui de Trente, n'avaient jamais été reçus en France, comme l'attestaient d'Héricourt et l'abbé Fleury.

Sur ce point de droit et d'histoire, il est admis par la cour de Limoges que les canons de l'Église, d'après lesquels l'engagement dans les ordres fut un empêchement dirimant au mariage, n'avaient point reçu la sanction spéciale des édits de nos rois. Cela est acquis dans la cause et ne demande plus de discussion.

Cependant, l'arrêt attaqué y supplée en disant qu'une jurisprudence constante

---

(1) « Ex his facile intelligitur, quod licet, primis seculis, nec votum monachorum, nec votum annexum ordini sacro DIREMISSIT MATRIMONIUM, nihilominùs, postquàm per ecclesiam efficacia dirimendi votis illis facta fuit, negari non possit ea efficacia : ni unâ velimus ecclesiæ negare potestatem *inducendi impedimenta dirimentia*: ideòque meritò synodum Tridentinum (*Sessionem*, 24, can. 9), *de reformatione matrimonii*, pronunciasse : « Si quis dixerit clericos in sacris ordinibus constitutos, vel « regulares, castitatem solemniter professos, posse matrimonium contrahere, contractumque *vali-* « *dum* esse, nonobstante *lege ecclesiastica, vel voto* ; et oppositum nil aliud esse, quàm damnare ma- « trimonium, posseque omnes matrimonium contrahere, qui non sentiunt se castitatis, etiam si cum « voverint, non habere donum, ANATHEMA SIT ; cùm Deus id rectè petentibus non negat, nec patitur « nos suprà id quod possumus tentari. »

« Expressè in suo canone synodus tridentina usa hâc alternativâ: *lege ecclesiastica, vel voto* : eo quòd inter doctores catholicos questio esset, nùm ordo sacer dirimeret matrimonium *ex voto*, an ex *lege ecclesiastica* nec *hanc quæstionem*, quæ parùm utilitatis habet, *decidere voluerit* ; hoc unum sufficere arbitrata definire, ordinibus sacris initiatos teneri ad servandam castitatem ; atque matrimonium ab iis initum esse *invalidum.* » (Van Espen ; *Jus ecclesiasticum.*—*Opera omnia*, tome I, page 320).

des anciens parlements du royaume avait imprimé aux mêmes canons force de loi sur ce point de discipline.

Mais la doctrine qu'on a fait résulter de quelques arrêts de Parlements, ne formait pas, à proprement parler, une règle de discipline particulière au clergé de France ; elle reposait sur l'idée reçue dans toute la chrétienté, que les ordres sacrés impliquaient un *vœu solennel ;* que ce vœu ne pouvait se rompre *sans apostasie ;* que le prêtre ne devait pas être moins pur que le religieux régulier.

Or, sous une monarchie théocratique et toute catholique, dont le souverain était lié par le serment de son sacre à faire exécuter les canons de l'Église, à exterminer les hérétiques notés et condamnés par elle, dont les lois sur le mariage reposaient aussi sur les saints canons, force fut aux cours de justice de faire respecter dans l'ordination, dans le mariage mystique du prêtre avec l'Église, un *vœu solennel* de chasteté, qui le rendait incapable du mariage de la chair.

C'était bien le droit public du temps, en tant que la religion catholique était religion de l'État, dominante, exclusive, infusée dans toutes nos lois.

Mais, ce système théocratique et politique à la fois, de mysticisme et d'intolérance, ce système n'a-t-il pas été miné et emporté par les grandes réformes de l'Assemblée constituante, qui ont sécularisé nos lois et ramené le mariage à un contrat civil ?

En effet, la constitution de 1791 a posé trois principes :

L'abolition des vœux monastiques ;

La non-existence aux yeux de la loi de tous engagements contraires à la nature ;

La considération exclusive du contrat civil dans le mariage.

Or, le célibat du prêtre n'a jamais pu se déduire que de deux causes, la *loi ecclésiastique* ou le *vœu solennel.*

Pour la France, la loi positive établie par les canons de l'Église, c'est-à-dire la loi ecclésiastique proprement dite, n'a pas été reçue et promulguée. La même règle n'a donc pu être admise en France qu'en vertu de la sainteté d'un *vœu tacite* de l'ordination, équivalant au *vœu solennel.* Dans l'opinion du catholique, les prêtres séculiers ne devaient pas être au-dessous des réguliers pour l'étendue des sacrifices et la rigidité des mœurs.

Mais, dès le moment où la loi civile n'a plus tenu compte des *vœux de religion* d'aucune sorte, c'est-à-dire dans le for extérieur, en quoi a-t-il pu importer de savoir si une jurisprudence constante, si l'usage admis, sous l'empire d'une religion dominante et d'un gouvernement théocratique, repoussait un contrat incompatible avec le mariage spirituel du prêtre et de l'Église ?

C'est le cas de dire avec le jurisconsulte Toullier : « Que les *usages abusifs* « qui blessent .. l'*ordre public,* qui préjudicient de quelque manière que ce soit à la

« société, qui, sans être nuisibles, blessent les principes reçus, *ne peuvent en au-*
« *cun temps l'emporter* SUR LA LOI. Le pouvoir de l'usage ne s'étend qu'aux choses
« *indifférentes à l'ordre public et contre lesquelles la raison ne réclame pas.* » (*Cours
de droit français,* t. I, n° 165).

« Sous le gouvernement constitutionnel, dit de même un arrêt de la cour
« d'Orléans, il est impossible d'admettre qu'un usage *contraire à la loi,* autre-
« ment un abus, puisse jamais prévaloir sur elle. » (Arr. 29 mars 1838 ; Sir. 1840,
2, 54 ; *veuve Blanc.*)

On dira qu'il faut bien distinguer les vœux monastiques de l'ordre de prêtrise ;
que les premiers ont été radicalement supprimés ; que l'autre est demeuré de-
bout, puisque, après la suppression des droits féodaux et des dîmes, et la réunion
au domaine des propriétés territoriales possédées anciennement par l'Église, les
frais d'entretien du culte catholique furent portés dans les dépenses publiques
de l'État. Or, ce culte subsistait nécessairement avec ses lois et sa discipline ; donc,
les règles propres, les maximes, les libertés et coutumes de l'Église Gallicane, ont
continué d'avoir force de loi, bien loin d'avoir été comprises parmi les abus
abolis.

Mais toutes règles anciennes qui ont été supprimées, doivent être réputées
abusives ou *abus,* puisqu'elles ne l'auraient pas été sans cela.

Il en est de même des idées mystiques admises dans nos anciennes mœurs,
sous un culte dominant et exclusif, nonobstant le principe *l'Église est dans l'État ;*

Mais en admettant même qu'on ne dût voir dans la jurisprudence des parlements dont il s'agit que l'adoption d'une règle de discipline établie par des canons,
qui, pour le reste, n'étaient pas admis en France, nous avons à examiner si même
les canons reçus en France ont aujourd'hui la moindre autorité en matière de
mariage.

Nous avons vu plus haut que déjà, dans l'ancien droit, des jurisconsultes d'un
esprit indépendant professaient que l'application des règles canoniques était exclusivement du domaine de la juridiction de l'official ; mais que les pouvoirs de cette
autorité toute spirituelle auraient dû se réduire de tout temps à prononcer des
censures, des pénitences, des interdictions, *sans jamais gêner la liberté civile du citoyen.* (Poulain-Duparc, *loc. cit.*)

Combien le principe de séparation entre les deux autorités, spirituelle et temporelle, n'a-t-il pas reçu plus de force et de portée pratique, dès l'instant où fut
proclamée l'indépendance religieuse de toute personne, sans exception quelconque ?

A la vérité, la Constituante fut bien loin de méconnaître l'importance du culte
catholique pour l'État, puisque, en lui rendant les plus solennels hommages de

respect, elle inscrivit au budget les traitements de ses ministres, les frais du culte et ceux de l'entretien des édifices qui lui étaient consacrés. Mais de ce que la loi voyait dans les prêtres des *fonctionnaires de l'ordre le plus élevé* (1), s'ensuivait-il qu'elle dût les astreindre à rester malgré eux dans le sacerdoce, ou les punir, au sein de la société et par la privation de leurs droits civils, de leur désertion du sanctuaire ?

Dans toutes les parties de l'administration publique, il y a des fonctionnaires à vie qui sont considérés comme ayant voué leur existence au service du public. Cependant, magistrats, militaires, professeurs, agents de l'administration, tous peuvent résigner librement leurs fonctions sans être exposés à aucune contrainte pour les rattacher au service de l'État, ni à aucune peine quelconque pour être rentrés dans la vie privée.

Pourquoi donc les prêtres ne jouiraient-ils pas de la même liberté relativement à l'autorité civile? Sans doute d'autres liens peuvent exister, dans l'ordre du clergé catholique, entre l'Église et ses lévites ; mais ces liens sont mystiques et tout spirituels ; or, l'autorité civile ne doit s'émouvoir, en matière de culte, que de ce qui trouble *l'ordre public.*

Déjà, sous l'Assemblée constituante, plusieurs prêtres avaient quitté les ordres et s'étaient mariés ; la question d'empêchement dirimant a été soulevée et jugée en leur faveur dans trois arrêts de cassation que rapporte M. Merlin au mot *Célibat,* de son répertoire de jurisprudence : ils ont jugé que, sous l'empire des principes constitutionnels de 1791, le mariage ne pouvait plus être envisagé que comme contrat civil, et que la loi ne pouvait pas demander compte au lévite inconstant de la rupture de ses liens purement religieux.

Mais, objecte l'arrêt attaqué, il ne s'agit plus aujourd'hui de l'application des lois de nos premières assemblées législatives ; les prêtres catholiques ont été replacés sous l'empire des canons par le Concordat.—Cette objection demande un examen sérieux.

En quoi le Concordat a-t-il abrogé les lois antérieures, et surtout les principes de 1791 ? Comme aucunes lois des temps modernes n'y sont mentionnées, leur abrogation ne pourrait être que tacite, c'est-à-dire qu'elle a lieu en tout ce que les articles auront de contraire aux lois de la Révolution.

Ainsi, du rétablissement du culte catholique, des traités et autres avantages assurés à ses ministres, il est bien résulté l'abrogation du système d'indifférence absolue, soit de la Convention, dans ses décrets de 1793, soit de la constitution de l'an III.

(1) Décret du 22 juillet 1790.

Mais le retour aux principes de la protection légale pour le culte catholique, son exercice public et l'admission de ses dépenses au budget annuel de l'État n'étaient que la remise en vigueur des décrets de 1791.

Y a-t-il donc incompatibilité de fait entre la reconnaissance d'un culte, la protection qui lui est garantie, les traitements assurés à ses ministres et la maxime de n'employer contre eux aucune coaction pour les retenir dans le sacerdoce s'ils voulaient le quitter, et de ne pas les en faire repentir en leur refusant l'usage des droits dont jouissent tous les citoyens ?

Pourqnoi la loi, aujourd'hui toute laïque, leur ferait-elle ainsi une condition si différente de celle des autres fonctionnaires, alors, qu'il est toujours loisible à ceux-ci de résigner leurs fonctions sans encourir aucun blâme, ni surtout aucune interdiction de leurs droits de citoyen à titre de peine?

Le sacerdoce a des points de contact avec les diverses parties de l'ordre social ; il a ses règles particulières, et ces règles ont leurs sanctions. Ainsi, les canons de l'Église ont déclaré le métier des armes incompatible avec la vie retirée et studieuse du prêtre ; la loi de recrutement a déclaré les jeunes lévites exempts du service militaire, à l'instar des élèves de quelques-unes de nos écoles supérieu-res, mais à la condition que les premiers n'abuseront pas de cette dispense et qu'ils resteront attachés fidèlement au service des autels ; car s'ils le quittaient intempestivement, la sanction inévitable de la loi serait qu'ils fussent repris pour le service militaire.

« Ils seront rétablis dans le contingent de leurs classes, sans déduction du temps écoulé depuis la cessation desdits services, fonctions et études, jusqu'au moment de la déclaration. » (Art. 14, loi du 21 avril 1852.) Voilà un cas de contrainte formelle et de sanction positive pour les engagements des élèves des séminaires et de l'École normale, et de certaines classes de professeurs.

Le temps que l'on a promis de passer dans une carrière en remplacement de la présence sous les drapeaux une fois écoulé, le jeune fonctionnaire rentre, aux yeux de la loi, dans le droit de se retirer et de rentrer librement dans la vie civile.

De la qualité de prêtre comme de celle de tous les autres fonctionnaires publics, il résulte bien que certains faits qui auront eu lieu dans l'exercice du ministère sont qualifiés peines et délits par le Code pénal, et sont, comme troubles à l'ordre public, punis des peines les plus graves. (Art. 204 à 208 du Code pénal.)

Mais les simples infractions aux règles des canons qui peuvent être commises par les ecclésiastiques, si elles ne troublent pas la tranquillité publique, peuvent-elles avoir une sanction qui ne résulte pas d'une loi positive et formelle ?

Les canons de l'Église, sans doute, ont eu leurs sanctions extérieures et leurs pénalités matérielles; mais sont-elles applicables dans notre ordre de choses actuel? L'empêchement dirimant du mariage résultant de l'ordination serait donc, de plein droit, la sanction de l'art. 26 de la loi du 26 germinal an XI

Cet article défend aux évêques d'ordonner aucun ecclésiastique s'il ne justifie d'une propriété produisant au moins un revenu annuel de 300 francs, s'il n'a atteint l'âge de 25 ans, et s'il ne réunit les qualités requises par les canons reçus en France.

Ainsi l'État, qui se charge de donner des traitements aux prêtres, fait avec eux un contrat synallagmatique. Il permet aux évêques de leur imprimer le saint caractère, de leur conférer de grands pouvoirs, ceux de bénir, d'enseigner, d'absoudre; mais leur entrée dans les ordres est subordonnée à des conditions d'âge, de certains moyens d'existence, enfin, et surtout, de vocation éprouvée, se manifestant par le vœu tacite d'un célibat inviolable jusqu'à la mort. Sous ce dernier rapport, l'incapacité perpétuelle pour le mariage civil ne serait-elle pas une sanction toute naturelle de la loi, s'il rompt un engagement si grave et si sacré?

Ainsi, les tribunaux seraient appelés à juger l'infraction d'un prêtre au *contrat de l'ordination?* Mais c'est là un singulier langage, trop au-dessous de la sainteté du sacrement de l'ordre. Nous le portons, nous, à une plus grande hauteur, à une autre distance des intérêts humains, de la sphère d'action du bras séculier!

Anciennement il existait pour réprimer toute espèce d'infraction aux lois canoniques, l'action particulière, connue sous le nom d'*appel comme d'abus*, lequel se portait en effet devant les tribunaux. Mais les articles organiques l'ont remis exclusivement au conseil d'État, ordre de juridiction politique et temporel, auquel on ne peut déférer que les actes des supérieurs ou des autres ecclésiastiques relatifs *à l'exercice des fonctions d'un culte*, et dans les cas énumérés par l'art. 6 de la loi du 18 germinal an VI. Ce sont là les vrais principes de notre nouveau droit public et administratif.

Serait-ce donc au conseil d'État qu'on demanderait d'annuler le mariage d'un prêtre, comme entaché d'un empêchement dirimant? S'il en avait été saisi, se serait-il reconnu compétent pour statuer sur la demande en main-levée d'opposition formée par le sieur Vignaud contre le ministère public? Non, certes, et par le motif bien simple qu'aucun acte du pouvoir civil ne peut plus faire le sujet d'un *appel comme d'abus*; mais qu'un citoyen gêné dans sa liberté et dans l'exercice de ses droits doit s'adresser aux tribunaux ordinaires.

Ceux-ci, à leur tour, pour juger de la validité d'un mariage, devaient-ils considérer dans Vignaud une autre personne que le *citoyen* et voir dans son mariage autre chose qu'un *contrat civil?* Était-ce par haine pour l'apostasie, pour le parjure, l'infraction du vœu solennel, la bigamie mystique, tous crimes contre la religion, mais du for intérieur et étranger à l'ordre public, que la loi civile pouvait lui refuser le mariage sous l'empire des principes de liberté de conscience?

Non, certes, car l'autorité religieuse ne doit plus agir que dans le secret des consciences, dans le for intérieur; l'autorité civile, qui peut seule gêner extérieurement la liberté de l'homme et du citoyen, n'a plus à venger les infractions à une loi religieuse.

Si les lois du Concordat ont voulu investir le culte catholique du respect qui lui est dû en rétablissant l'ancienne discipline des canons, ont-ils par cela rendu force de loi à leurs prescriptions dans le domaine du pouvoir temporel, à l'encontre des droits naturels et civils du citoyen, enfin devant les tribunaux? Si on admettait ce principe, on arriverait bientôt, comme l'a dit le tribunal de Bellac, aux conséquences les plus exorbitantes. Il ne faudrait pas seulement admettre l'engagement dans les ordres sacrés comme empêchement dirimant du prêtre, il faudrait accueillir aussi tous les empêchements établis par les canons de l'Église reçus en France; il faudrait admettre que la parenté en ligne collatérale jusqu'au sixième degré ferait empêchement, et non pas seulement jusqu'au troisième : c'était une prescription d'un article du concile de Trente qui avait été admis en France, quoique le concile n'y fût pas reçu.

Si l'empêchement du droit canon existait quant au mariage civil du prêtre, il dépendrait du pape de le relever de ses vœux, de telle sorte que l'empêchement qui a fondé une opposition d'office soutenue devant le tribunal de Bellac, ne serait tel qu'autant qu'il plairait au pape de maintenir ou d'annuler le vœu de la personne engagée. Cependant, ce qui est véritablement d'ordre public, ce qui peut motiver une poursuite au nom de la loi en France, peut-il jamais dépendre de la volonté d'un souverain étranger? Un Français doit-il être habile ou non, au mariage civil, selon ce que prononcera le pontife de Rome?

Dans les temps les plus reculés, la justice française a aimé des règles certaines et positives; les ambiguïtés, les réticences et les réserves de la politique italienne ne l'ont jamais tenue à la remorque.

En principe, a-t-on dit, le Concordat a dû rétablir l'autorité des canons pour ne pas recommencer l'œuvre immense des conciles, pour ne pas rentrer dans le champ des controverses et des disputes théologiques, et rouvrir la porte à tous les écarts de l'esprit humain, ce qui aurait porté l'anarchie au comble dans les idées religieuses de France.

On a donc avoué qu'il y avait eu déjà, qu'il y aurait toujours à choisir dans les délibérations des conciles, qu'elles n'ont jamais été admises indistinctement en France ; mais tout ainsi que les édits royaux, les arrêts des parlements et la déclaration de 1682 avaient fait un choix entre elles, de même a-t-on dit, le conseil d'État et les tribunaux sauront appliquer avec intelligence et sagesse les dispositions des canons que la raison, d'accord avec la religion, pouvait avouer.

Nous reconnaissons que le conseil d'Etat a pour mission spéciale et exclusive, d'apprécier la conformité des actes des supérieurs et des ecclésiastiques en général, aux canons de l'Église dans tout ce qui tient à l'exercice public du culte, au caractère et aux fonctions des ecclésiastiques, et de déclarer quels canons sont reçus en France, de repousser ceux qui ne doivent pas être admis, de réprimer les usurpations et les excès de pouvoir, les infractions aux lois et règlements, l'attentat aux libertés françaises et coutumes de l'Église Gallicane, ainsi qu'aux canons reçus en France.

Mais, aujourd'hui, les tribunaux ne peuvent plus aucunement prendre les canons pour règles de la capacité civile des citoyens et des empêchements du mariage. Il ne serait plus, comme autrefois, de leur compétence d'apprécier les canons, d'en faire un choix, d'appliquer ceux-ci, d'écarter ceux-là ; car les tribunaux ne sont plus les gardiens spéciaux de l'Église catholique, des saints canons et de la discipline.

Peut-on imaginer de sang froid et sans une vive douleur que des lettres de prêtrise, délivrées par un évêque, soient produites à un greffe pour voir dire que la personne revêtue du saint caractère est incapable du mariage civil ; et le futur époux opposer à son tour qu'il a déposé ses pouvoirs ecclésiastiques ; qu'il a même abjuré le culte dans lequel il est né, et qu'il s'est fait admettre dans la communauté protestante : le tout à telle fin que le mariage lui soit permis. Évidemment, il répugne que de pareils faits et de tels titres puissent être mis sous les yeux des tribunaux.

Devant la loi civile, l'engagement de ne point se marier est contraire aux mœurs et à l'intérêt des générations. Or, nulle action ne peut se fonder ni sur une renonciation semblable, ni bien moins encore sur des actes de consécration, d'abjuration, d'actes quelconques de l'indépendance individuelle en fait de religion.

Aussi, l'ordination du prêtre ne constitue-t-elle pas un acte civil, qui soit inscrit au nombre des actes de l'état civil, comme un mariage qui en empêche un autre.

On a demandé si, en admettant qu'un prêtre catholique pût contracter un mariage valable, et qu'il prétendît continuer les fonctions du sacerdoce, le conseil d'État ne serait pas bien saisi par appel comme d'abus de la connaissance des faits, et s'il n'annulerait pas les actes du prêtre réfractaire aux lois de l'Église ? — Sur la réponse affirmative, on demande encore pourquoi les tribunaux ne reconnaîtraient pas, tout aussi bien que le conseil d'État, que le caractère du prêtre est indélébile ? — mais les deux cas sont bien différents.

Dans le premier, il s'agit d'actes de l'exercice actuel du culte catholique, essentiellement régis par ses règles propres, dont le maintien est formellement confié par la loi au conseil d'État. Ainsi, tout attentat aux règles d'un culte reconnu, qui a troublé l'ordre public et demandé l'intervention du pouvoir temporel, est du ressort ou de l'autorité administrative, le conseil d'État, ou des tribunaux criminels.

Mais, lorsqu'il s'agit de régler la capacité d'un citoyen pour un droit qui appartient naturellement à tous, les tribunaux ne sont plus, d'après la loi de l'État, chargés de protéger les canons de l'Église contre l'apostasie, l'hérésie, le parjure, ou autres crimes religieux qui peuvent porter le trouble dans le secret des consciences, mais qui ne troublent pas l'ordre public.

Ce qui porte véritablement atteinte à l'ordre public et à la morale, c'est de voir mettre en doute si l'on doit refuser à une mère, à des enfants, l'état et la position qu'ils attendent d'un mariage réparateur; la femme y a tous les droits, lorsqu'elle n'a vu nulle part dans la loi que le mariage lui était interdit avec le père de ses enfants; ces derniers, innocents du crime de leur naissance, ont droit aussi à toute la sollicitude des tribunaux, dont la religion obligée consiste à faire régner la morale et le droit de tous.

Enfin, l'empêchement dirimant du mariage tient, dit-on, à l'essence même de la doctrine catholique, dont la confession est un élément intime et sacramentel. Or, si le confesseur était pleinement libre de rompre son vœu, et, en rentrant dans le monde, d'y contracter un mariage valable, quels moyens de séduction n'aurait-il pas sur les jeunes personnes dont les penchants et le caractère lui seraient révélés par la confession? Quels parents oseront exposer leurs filles à de tels dangers?

Quelles personnes, même d'un âge mûr, oseraient déposer leurs secrets en confession dans les mains d'un homme qui, prêtre aujourd'hui, ne le serait plus demain, et qui pourrait alors abuser des révélations qui lui auraient été faites sous le sceau de la confession?

Ces inconvénients sont plausibles. Cependant, la confession secrète et auriculaire n'est également qu'une règle de discipline dans l'Église catholique; elle a été recommandée assez tard comme un moyen de se faire mieux instruire à sonder sa conscience, d'être averti de la gravité de ses fautes, et de les expier par des peines qui réhabilitent la conscience.

Dans les premiers siècles, les chrétiens se confessaient publiquement, et s'accusaient à haute voix dans des assemblées dirigées par le pénitencier, qui infligeait les punitions. C'était comme un jury présidé par un magistrat. Mais notre tâche ne consiste pas à discuter cette matière délicate.

Quelques précautions de la part du clergé et des familles dans le rapport des âges à observer entre les jeunes personnes et leurs confesseurs, ne suffiraient-elles pas pour prévenir les dangers réels? Les personnes d'un âge mûr ne trouveront-elles pas toujours, dans le clergé, des prêtres étrangers aux intérêts du monde, qui leur offriront une longue carrière de vertus pour garantie de l'avenir?

Il existe dans l'Orient une nation catholique, florissante et en progrès, chez laquelle le mariage est demeuré permis aux prêtres par la cour de Rome ; un illustre voyageur, dont les poésies religieuses témoignent de son sincère attachement pour le culte catholique, lui rend un témoignage précieux et digne de foi : dans aucune contrée de l'Europe, le clergé n'est aussi pur, aussi exclusivement renfermé dans son pieux ministère, aussi vénérable et aussi puissant sur le peuple ; et enfin le mariage des prêtres ne nuit pas même à la *pratique de la confession* (1).

Au surplus, les tribunaux sont appelés, non pas à faire les meilleures lois possibles, mais à faire l'application de celles qui existent.

Or, si les art. 6 et 26 du Concordat impliquent le contrôle du gouvernement sur les conditions imposées aux prêtres par l'ordination ; si M. Portalis, en présentant la loi de l'an X au Corps-Législatif, a reconnu que, selon les lois de l'Église, le prêtre catholique était consacré au célibat, après avoir traité cette question sous le côté religieux, il l'envisage sous le côté politique et légal.

« L'autorisation d'un culte, dit-il d'abord, suppose nécessairement des *condi-*
« *tions* suivant lesquelles ceux qui le professent se lient à la société, et suivant les-

(1) « Les Maronites occupent les vallées les plus centrales et les chaînes les plus élevées du groupe principal du mont Liban, depuis les environs du Bayruth jusqu'à Tripoli de Syrie ; le patriarche des Maronites conserve seul la décision de tous les cas où la loi civile est en conflit avec la loi religieuse, comme les mariages, dispenses, séparations. Le prince a les plus grands ménagements à garder envers le patriarche et les évêques, car l'autorité du clergé sur les esprits est immense et incontestable. Le clergé se compose du patriarche, élu par les évêques et confirmé par le pape, et d'un légat du pape envoyé de Rome, et résidant au monastère d'Antoura ou Karoubia, des évêques, des supérieurs des monastères et des curés.

« Bien que l'Église Romaine ait sévèrement maintenu la loi du célibat des prêtres en Europe, et que plusieurs de ces écrivains s'efforcent de voir un dogme dans ce règlement de discipline, elle a été obligée de céder sur ce point en Orient : *et quoique dévoués et fervents catholiques*, les prêtres sont mariés chez les Maronites. Bien loin que le mariage ait nui, comme on affecte de nous le dire, à la pureté des mœurs sacerdotales, au respect des populations pour le ministère du culte , même au précepte de la confession, on peut dire avec vérité, que, dans aucune contrée de l'Europe le clergé n'est aussi pur, aussi exclusivement renfermé dans son pieux ministère, aussi vénérable et aussi puissant sur le peuple. Si l'on veut avoir sous les yeux ce que l'imagination se figure des temps du christianisme naissant et pur, si l'on veut voir la simplicité et la forme de la loi primitive, la sainteté des

« quelles la société promet de l'autoriser. La tranquillité publique n'est point
« assurée si l'on néglige de savoir ce que sont les ministres de ce culte, ce qui les
« caractérise, ce qui les distingue des simples citoyens et des ministres des autres
« cultes... Mais quand on admet ou que l'on conserve une religion, il faut la régir
« d'après ses principes. La prohibition du mariage faite aux prêtres catholiques
« est ancienne; elle se lie à des considérations importantes. Des hommes consa-
« crés à la Divinité doivent être honorés ; et dans une religion qui exige d'eux une
« certaine pureté corporelle, *il est bon qu'ils s'abstiennent de tout ce qui pourrait les*
« *faire soupçonner d'en manquer.* »

Telle est la discipline intérieure du culte catholique; mais, sous le rapport
civil, la question change de face. Alors M. Portalis n'hésite pas à reconnaître le
droit qui dérive de la liberté individuelle, et à proclamer la validité du mariage.

« Pour les ministres que nous conservons, et à qui le célibat est ordonné par
les règlements ecclésiastiques, la défense qui leur est faite du mariage par ces
règlements n'est point consacrée comme *empêchement dirimant* dans l'ordre civil.
Ainsi, leur mariage, s'ils en contractaient un , *ne serait pas nul aux yeux des lois
politiques et civiles,* et les enfants qui en naîtraient seraient légitimes ; mais, dans
le for intérieur et dans l'ordre religieux, *ils s'exposeraient aux peines spirituelles
prononcées par les lois canoniques.* Ils continueraient à jouir de leurs droits de
famille et de cité, mais ils seraient tenus de s'abstenir de l'exercice du sacerdoce.
Conséquemment, sans affaiblir le droit de la discipline de l'Eglise, *on conserve aux
individus toute la liberté et tous les avantages garantis par les lois de l'Etat.* »

Ainsi, les auteurs mêmes du Concordat ont bien entendu abroger, relativement
à tous les cultes, le système d'indifférence de la Convention nationale et de la
constitution de l'an III ; mais ils n'ont certes pas voulu effacer de notre nouveau

---

mœurs, le désintéressement, l'influence sans abus, l'autorité sans domination, la pauvreté sans men-
dicité, la dignité sans orgueil, la prière de la veillée, la sobriété, la chasteté, le travail des mains, il
faut aller chez les Maronites. Le philosophe le plus rigide ne trouvera pas une réforme à faire dans
l'existence publique et privée de ces prêtres qui sont restés les modèles, les conseillers et les serviteurs
du peuple. (*Voyage en Orient* par de Lamartine, t. II, p. 345 et suiv.—Maltebrun, t. VIII, p. 210.)

L'Église de Russie fut soumise au patriarche de Constantinople jusqu'en 1588 ; à cette époque, l'archevêque de Moscou fut élevé à la dignité de patriarche, et devint le chef suprême du clergé russe.
(*Catholiques romains,* y compris les Grecs unis et les Arméniens unis, 3,500,000. *Maltebrun.* p. 455.)

Le 14 juin 1717, le czar Pierre Ier, étant venu visiter les bâtiments de la Sorbonne, dix-huit docteurs
de cette maison lui présentèrent un mémoire sur les moyens d'opérer la réunion des Eglises russe et
romaine. « Quels seraient, disaient-ils, les obstacles à cette réunion? serait-ce quelques points de dis-
« cipline? *Mais la discipline peut être différente dans les différentes parties de l'Eglise, sans que l'u-*
« *nité en soit altérée.* »

Lors de la réunion des deux Églises au concile de Florence, en 1439, le pape Eugène IV laissa aux
prêtres grecs les femmes qu'ils avaient épousées avant l'ordination ; les prêtres catholiques du *rit grec
uni,* dispersés dans la Turquie d'Europe, en Hongrie, en Calabre, en Corse, n'observent point le
célibat.

droit politique les principes constitutionnels de 1791 ; ils n'ont rien proposé au Corps législatif, non plus qu'au pape, rien obtenu, ni promulgué de contraire à l'indépendance religieuse de chaque citoyen, à l'égalité de protection due à tous les cultes, enfin au principe que l'autorité des tribunaux ne serait plus appelée qu'à maintenir les droits naturels et civils de tous les citoyens indistinctement.

Enfin, si le législateur, adoptant cette fiction d'un langage mystique, familier à l'Église, qui assimile le clergé à la milice, avait entendu interdire le mariage civil aux prétres, il aurait bien su le faire par une loi spéciale ; ainsi, les anciennes ordonnances, qui défendaient expressément à nos soldats et officiers de terre et de mer de se marier sans avoir obtenu l'autorisation d'un ministre de l'État, s'étaient trouvées abrogées par la constitution de 1791, déclarant nuls tous engagents contraires au droit naturel. Elles avaient même été abrogées expressément par la loi du 8 mars 1793 ; aussi a-t-il fallu que le décret du 16 juin 1808 les remit en vigueur.

D'après ses dispositions, les officiers en activité de service, de terre et de mer ou de marine, ne peuvent se marier qu'après en avoir obtenu la permission du ministre dont ils dépendent. Enfin, il n'y a point là d'empêchement dirimant; cet empêchement n'est que prohibitif, et la loi est conséquente. C'est-à-dire que si le mariage est célébré, il subsiste, et qu'il ne peut pas étre attaqué comme contraire à l'ordre public, par le ministère public agissant d'office. Et en effet, nous avons vu plus haut le ministre des cultes Portalis proclamer que le mariage d'un prétre ne troublait pas l'ordre public. Cependant, les canons ont déclaré *dirimant* un empéchement qui n'est pas absolu, puisqu'il peut étre levé au moyen d'une dispense, et puisque cette dispense est accordée à l'Église d'Orient tout entière.

Certes, la prédominance du pouvoir spirituel sur le pouvoir laïque ne saurait aller plus loin, puisque l'Église imposerait à celui-ci d'envisager comme *dirimant* un empéchement qui ne serait que prohibitif pour elle-même. C'était dans l'ancien droit canonique un abus et il a dû tomber sous le coup de nos lois abolitives de 1790 et 1791.

§ IV. *Des dispositions du gouvernement impérial contraires au mariage des prétres. —Hypothèse de la convenance d'une loi à cet égard.—Principes du Code civil concernant le mariage.*

Il est bien vrai qu'à l'époque où l'Empereur, parvenu au faîte de sa puissance, voyait sa cour se grossir du haut clergé qui, aux solennités des *Te deum* ou de la saint Napoléon, le saluait du titre d'élu de Dieu, prédestiné pour le rétablissement en France du culte catholique, de l'ordre et des lois, il put croire qu'il n'avait rien à refuser à cette autorité religieuse qui le secondait de toute l'influence de la parole divine sur les peuples.

La question du mariage des prêtres était pour les évêques le sujet d'une inquiétude peut-être exagérée. Ils réclamaient du gouvernement une interprétation du Concordat propre à fortifier la discipline ecclésiastique.

Napoléon, Italien d'origine, et catholique par impression de jeunesse, promit sans doute que le clergé aurait une satisfaction sous ce rapport, comptant pour cela sur la seule force de son gouvernement. En effet, par ordre de l'Empereur, trois circulaires du ministre des Cultes, l'une du 14 janvier 1806, obtenue par l'archevêque de Bordeaux, deux autres à la date du 30 janvier 1807, sollicitées par l'archevêque de Rouen et l'évêque de Bayeux, portèrent défense pour les officiers de l'état civil de recevoir l'acte de célébration du mariage du prêtre.

Mais cet obstacle de fait, apporté au mariage par une mesure de pure administration et d'influence bureaucratique, ne prouve pas que l'empêchement résultât de la loi; s'il y eût existé, le ministère public n'aurait-il pas eu l'ordre de former opposition au mariage? Ainsi donc, l'esprit d'administration qui est venu seconder le vœu des évêques dans ces circonstances, n'en prouve que mieux que l'Empereur ne considérait pas l'empêchement dirimant de l'ancien droit comme subsistant dans notre nouveau droit public.

Or, il est bien constant pour tout le monde que ces circulaires ne formaient pas une règle de droit qui pût lier en rien les tribunaux et qui modifiât non plus la législation.

Cependant, les guerres incessantes de l'Empereur le rendaient très-attentif et très-rigide dans sa surveillance des opérations de la conscription; cette susceptibilité de Napoléon fut facilement excitée par quelques exemples de la désertion des autels de la part de jeunes prêtres qui n'étaient, en apparence, entrés au séminaire que pour se soustraire aux levées d'hommes.

Napoléon porta un jour ses réflexions sur ce sujet au Conseil d'État; ce fut le 20 décembre 1813 : le procès-verbal de la séance a été conservé par M. Locré, son secrétaire-général. Nous ne citerons que de très-courts extraits de ce compte-rendu.

« Sa Majesté dit qu'il s'est élevé une question relativement à un particulier
« qui, sans avoir été ordonné, et *dans la vue de se soustraire à la conscription,* s'est
« mis à exercer les fonctions ecclésiastiques au moyen d'un démissoire qu'il a
« surpris à un évêque, et qui, même, a été nommé vicaire d'une campagne. On a
« demandé quelle peine pouvait lui être appliquée. »

De cette question, le Conseil d'État passe à celle du mariage des prêtres.

« Sa Majesté dit que *si la loi ne s'explique pas,* on verra de plus en plus le mariage
« des prêtres; le clergé devient nombreux; *la conscription détermine beaucoup de*
« *jeunes gens à se jeter dans les ordres....* On doit s'attendre qu'un jour plusieurs
« d'entre eux chercheront à secouer les chaînes dont ils ne sentiront plus que la
« pesanteur....; *au lieu que si la loi parle, tout est fini :* les prêtres savent que l'en-
« gagement de garder le célibat est irrévocable ; les familles , qu'elles ne peu-
« vent pas leur donner leurs enfants. ,

« Est-il besoin d'une loi? ajoute Sa Majesté; les instructions du ministre de
« l'intérieur ne lient pas les tribunaux. Les tribunaux pourraient-ils, par exemple,
« refuser la légitimité à l'enfant d'un prêtre, s'il l'avait obtenue par un mariage
« subséquent? »

M. Béranger oppose que la *loi à faire* ne saurait avoir un effet rétroactif pour
les prêtres actuellement dans les ordres.

« Aujourd'hui en effet, dit-il, l'engagement du prêtre est purement spirituel,
« et cependant voilà la loi séculière qui va le déclarer civil. Cette loi portera ré-
« troactivement sur les prêtres ordonnés ; elle dénaturera leur obligation, quand
« même elle respecterait leurs mariages.

« Sa Majesté dit qu'il ne faut pas troubler les mariages contractés, mais *les*
« *prévenir par une loi très-précise.* Si l'on ne prend pas cette précaution, on tom-
« bera dans de très-grandes difficultés. *Une femme se présente pour célébrer un ma-*
« *riage qui doit assurer la légitimité de son enfant ; on la repousse, elle objecte que le*
« *silence de la loi l'a déçue ;* qu'elle ne serait pas mère si elle avait su qu'elle ne
« pouvait jamais devenir l'épouse du père de son fils. Que lui répondre ? Au lieu
« que, *quand le législateur se sera expliqué, il ne pourra y avoir ni erreur ni excuse.* »
(Législation de Locré, t. IV, p. 617, publiée en 1827.)

Qui n'admirerait la solidité des raisons, le bon sens pratique, le sentiment
exquis de franchise dans les principes que montre ici l'auteur du code Civil! Il
prend l'intérêt de la femme, qui a dû compter sur la conclusion d'un mariage
que la loi ne défendait pas, et qui serait déçue ; il défend la cause des fruits
de l'union illégitime, qu'il doit tant répugner au pouvoir laïque de priver de
l'avantage précieux de la légitimité ! Les refouler parmi les ilotes ou les laisser
sans foyer domestique, n'est-ce pas les forcer à ne voir dans la patrie qu'une ma-
râtre, et peuvent-ils devenir autre chose que des ennemis des lois et de la société?

De plus, ce langage véhément de l'Empereur, expression d'une conviction si
judicieuse et si morale, n'est-il pas l'interprétation la plus décisive de la loi, l'autorité la plus irréfragable, comme la plus compétente, pour éclaircir le véritable
sens que le gouvernement attachait au Concordat et aux articles organiques?

Ce n'était pas au sein du Conseil d'État qu'on pouvait oublier dans quel esprit avait été rédigé le titre *du mariage* dans le Code civil.

Sous le titre de *Dispositions préliminaires*, le projet contenait cette déclaration, rappelant la Constitution de 1791 :

« La loi ne considère le mariage que *sous les rapports civils et politiques.* »

Le tribunal avait proposé la suppression de cette maxime, comme une conséquence nécessaire du pacte social, qui, n'excluant pas de culte, n'en reconnaît cependant aucun. — Cette rédaction avait néanmoins subsisté. — Mais l'article fut retranché sur l'observation de Cambacérès qu'il était évident que le Code ne considérait le mariage que sous ses rapports civils.

« Depuis que la liberté des cultes a été proclamée, dit Portalis, dans son *Exposé des motifs au Corps législatif*, il a été possible de séculariser la législation : *La loi, qui ne peut forcer les opinions religieuses des citoyens, ne voit que des Français, comme la nature ne voit que des hommes.* »

Cet orateur déclarait expressément que les règlements ecclésiastiques relatifs au célibat des prêtres avaient cessé d'être sanctionnés par le pouvoir coactif, depuis que la liberté des consciences était devenue loi de l'État ; et c'était l'auteur même des articles organiques qui parlait ainsi.

Les mêmes principes avaient été hautement professés dans le Corps législatif.

Le témoignage du pape Pie VII lui-même montre qu'il entendait bien ainsi la loi française concernant le mariage, lorsque, dans la fameuse bulle d'excommuniation, fulminée contre Napoléon le 10 juin 1809, il rejetait des États Romains *« un code contraire non-seulement aux canons de l'Église ;* mais même, disait Sa Sainteté, incompatible avec les préceptes de l'Évangile, et qui introduirait, ainsi qu'il a déjà fait, un nouvel ordre de choses, qui tend manifestement à associer et à confondre toutes les sectes et toutes les superstitions avec l'Église catholique. »

Mais, fidèle à l'esprit de la loi du siècle, Napoléon, ni ses conseillers n'ont jamais énoncé que les lois du Concordat eussent interdit le mariage du prêtre catholique ; ils se sont bornés à dire qu'une loi serait à faire sur ce sujet, pour que la nullité d'un tel mariage fût rétablie dans le droit civil.

§ V. *Principes de la Charte, de la doctrine des arrêts et de celle des auteurs.*

La Charte de 1814 a déclaré que la religion catholique, apostolique et romaine, était la *religion de l'État.*

Les Chambres du gouvernement de la Restauration donnèrent pour corollaire à ce principe, des lois pour le rétablissement des communautés religieuses (1825), de la grande aumônerie pour l'armée, pour punir le sacrilége, et d'autres encore. Ces lois n'en étaient pourtant pas une conséquence logique; elles réagissaient seules contre le principe de sécularisation du pouvoir, admis par la Charte même, puisqu'elle ne révoquait pas, puisqu'elle assurait à tous les cultes une égale protection.

« Les lois religieuses et les lois civiles, avait dit Portalis, diffèrent entre elles
« par leur objet et leurs dispositions, sans pourtant placer l'homme et le citoyen
« dans une situation contradictoire. *La loi civile*, par exemple, *ne défend pas*
« *le mariage aux ministres du culte sous peine de nullité*; mais elle n'em-
« pêche pas les ministres du culte de se conformer à cet égard à la discipline de
« l'Église. — *Il en est de même de la loi du divorce* : elle laisse à ceux qui ne veu-
« lent point user de cette ressource toute la liberté convenable pour demeurer
« fidèles à leurs principes. » (Rapport du 5ᵉ jour compl. an XI. *Disc. et tr. inéd.
sur le Concordat*, p. 203.)

La Charte de 1830 n'a fait que rentrer dans les principes constitutionnels et dans les termes du Concordat, en déclarant, comme un fait, que la religion catholique était le *culte de la majorité des Français*. De là ont découlé plusieurs lois qui ont dû faire cesser la prédominance apparente du culte catholique sur les autres cultes reconnus, telles que la loi sur les crimes de profanation des vases sacrés, etc. Or, les principes qui ont dirigé les consuls dans la négociation du Concordat n'étaient plus ceux de l'indifférence absolue et injurieuse de la Convention pour tous les cultes; mais ils n'offrent pas non plus un retour à l'esprit de la monarchie théocratique. Ce sont exactement, ainsi que le Concordat l'exprime textuellement, les principes d'égale protection pour tous les cultes, posés par l'Assemblée constituante; elle aussi, elle avait admis les prêtres catholiques et les ministres protestants parmi les fonctionnaires recevant des traitements du trésor public, mais sans que le pouvoir civil dût astreindre qui que ce fût, directement ou indirectement, à faire des actes de religion ou à se conformer à la discipline d'un culte, au détriment de l'indépendance de chacun en matière de religion.

La jurisprudence des arrêts offre un tableau mouvant où se réfléchit la couleur des gouvernements qui se sont succédé, et les mouvements de l'opinion publique. Sous la République, la doctrine de la validité du mariage civil des prêtres qui ont quitté le sacerdoce est sanctionnée par des arrêts du tribunal de cassation. Sous l'Empire, la jurisprudence se montre dominée par l'administration et par les instructions du ministre des cultes; elle s'arrête devant la défense faite aux officiers de l'état civil de célébrer le mariage du prêtre, sans remonter aux principes de la liberté politique, religieuse ou civile du citoyen. (Arrêts de *Bordeaux*,

20 juillet 1807 *Charonceuil*, Sir. 9, 2, 300, de *Turin*, 30 mai 1811. *S. M. C. J. M.* Sir. 12, 2, 241.)

Sous la Restauration elle prononce « que la Charte, en déclarant la religion « catholique, apostolique et romaine, religion de l'État, a restitué aux lois de l'Église la force des lois de l'État, relativement aux ministres de la religion de l'État. » (Arrêt de la C. Roy. de Paris. *Jacquin*, du 18 mai 1818. Sir. 19, 2, 189.)

Le premier arrêt Dumonteil de la même cour royale se fonde sur ce principe évidemment insoutenable : « que si le législateur n'a pas voulu interroger les « consciences ni scruter les opinions et les habitudes privées, sa haute prudence « ne saurait devenir un moyen de se placer ouvertement *hors de toute croyance.*

« Que chacun est réputé professer la religion dans laquelle il est né, et *qu'il* « *est censé en pratiquer le culte.* » (Arrêt du 27 décembre 1828. Sir. 2, 38.)

Nul arrêt ne pourrait contredire plus formellement le principe de l'indépendance de chacun dans sa religion et du caractère essentiellement tout laïque de l'autorité civile, qui n'a point mission pour obliger qui que ce soit à professer et à suivre même la religion dans laquelle il est né.

Le second arrêt Dumonteil, émané de la même cour, se fonde sur ce « que l'empêchement était fondé sur les *canons admis en France, et sanctionnés par la jurisprudence civile.* » (Sir. 32, 2, 71.)

Pareillement, l'arrêt de la Chambre des requêtes, rendu dans la même cause, le 21 février 1833, contrairement aux conclusions de M. le procureur général, se fonde encore sur l'autorité des canons reçus en France, et qui prohibaient le mariage aux ecclésiastiques engagés dans les ordres (S. 33, 1, p. 178.)

Fidèle à cette manière de voir, la Chambre des requêtes a confirmé, par son arrêt du 15 novembre 1841, l'adoption d'un enfant par un prêtre, en se fondant sur l'absence de dispositions prohibitives dans le droit canonique. Ainsi, les deux questions dépendent des mêmes éléments, des mêmes coneidérations politiques et religieuses, et de l'autorité actuelle des canons reçus en France comme lois civiles.

Cependant aujourd'hui l'arrêt attaqué constate que les canons de l'Église qui avaient érigé l'engagement dans les ordres sacrés en un empêchement dirimant au mariage, même pour le prêtre qui abandonnait le sacerdoce, n'avaient point reçu la sanction spéciale de nos rois ; toutefois et encore, il se fonde sur une jurisprudence constante du parlement du royaume qui, établissant ce même point de doctrine, aurait force de loi.

Nous avons montré plus haut que l'esprit de cette jurisprudence, c'était l'esprit de théocratie du pouvoir, qui, d'après le serment prêté par nos rois dans leur sacre, était un pouvoir mixte, autant spirituel que laïque ; qu'ainsi cette jurisprudence reposait, en dehors des canons reçus en France, sur ce que l'apostasie et le sacrilége étaient des crimes dans l'État, et sur la considération toute religieuse que le mariage, étant un *sacrement* aux yeux même de la loi en vigueur, était incompatible avec le vœu solennel de chasteté du prêtre.

Or, nécessairement tous ces principes se sont évanouis pour les tribunaux, devant ceux que l'Assemblée constituante a proclamés en 1791, pour établir une souveraineté toute laïque, et en déclarant que la loi ne considérait plus le mariage que comme *contrat civil.*

Certes, une ancienne jurisprudence ne peut pas prévaloir, non plus qu'une ancienne loi, sur des principes nouveaux qui sont abolitifs de ceux qu'elle a consacrés ; autrement le règne des abus se perpétuerait, et la nouvelle loi serait méconnue pour un respect superstitieux pour la jurisprudence qu'on doit tenir également pour abolie. — Rien n'est plus constant pour la Cour de cassation, dont le devoir est, comme le porte l'un de ses arrêts, de veiller « à l'exacte application de la loi et de la maintenir,» qu'on ne peut «faire prévaloir sur un texte clair et précis *un usage et une jurisprudence qui n'y seraient pas conformes.* » (Arrêt du 7 juin 1839. S. 39-1. 359.)

Peu importe ici qu'on applique les canons de l'Église ou l'ancienne jurisprudence. Dans un cas comme dans l'autre, il reste à savoir si des principes intéressant la discipline de l'Église peuvent produire l'effet d'un empêchement dirimant au mariage d'un prêtre qui a quitté sa robe ; si le caractère du prêtre est, aux yeux de la loi plus indélébile que celui d'un magistrat ou autre fonctionnaire, qui, en se démettant et en rentrant dans la vie privée, cesse d'être soumis aux conséquences de sa position d'homme public.

Un prêtre n'a-t-il pas, comme tout autre citoyen, le droit de renoncer au culte catholique, d'en embrasser un autre publiquement ? Peut-on l'envisager, malgré lui, comme catholique et comme prêtre ? Cependant un citoyen ne peut être forcé de rendre hommage à un culte quelconque. Ainsi, le garde national appelé à faire un service d'ordre et de sûreté, en assistant à une procession de la Fête-Dieu, « ne fait, dit un arrêt de cassation, *aucun acte religieux qui puisse alarmer* « *la conscience* (4 juin 1836, *Mury*). »

Or, d'après les principes constitutionnels, la liberté des cultes est pour tout le monde, sans privilége ni exception pour qui que ce soit. Si donc, un prêtre peut encourir les excommunications et s'exposer aux peines les plus terribles que l'Église puisse fulminer, la puissance religieuse pourra se déployer, mais « sans gêner en rien, comme disait un ancien jurisconsulte (Poulain du Parc), LA LIBERTÉ DU CITOYEN. »

Or, la faculté du mariage civil est un droit naturel tout laïque et qui doit être à l'abri de toute influence de l'autorité de l'Église.

Cette doctrine est professée unanimement par les esprits les plus sages, et qui ne sont ni partisans de l'incrédulité, ni ennemis de la religion catholique, par les esprits les plus sérieux, dans la magistrature, le barreau et l'école.

Telle est la doctrine qu'ont enseignée hautement les jurisconsultes les plus justement honorés de notre époque, qui ont imprimé le sceau de leur science profonde sur les plus hautes questions du nouveau droit public de la France, les Merlin, les Proud'hon, les Toullier; elle a trouvé de l'appui dans la parole puissante ou dans les consultations solides de MM. Persil, Delangle, Bethmont, Chaix-d'Estange, Duvergier, Dalloz.

Tel est le sentiment adopté dans la faculté de Paris par de très-habiles professeurs, MM. Bugnet, Duranton, Valette, Oudot, dans les savantes et consciencieuses explications du Code civil qu'ils donnent à la jeunesse studieuse.

Le gouvernement a fondé récemment, dans toutes les facultés, des chaires nouvelles consacrées à l'enseignement du droit administratif et de l'histoire du droit national.

Des hommes faits pour jeter un grand jour dans les questions les plus ardues ont approfondi celle-ci et l'ont résolue dans le sens de la validité du mariage.

« Il faut reconnaître, dit en concluant M. Laferrière, professeur distingué de
« la faculté de Rennes, promu récemment aux fonctions d'inspecteur général des
« études du droit, ce fait historique et judiciaire, que la jurisprudence des XVII*
« et XVIII* siècles admettait les ordres sacrés comme empêchement *dirimant*
« du mariage, sauf le cas exceptionnel de la dispense du pape en faveur des
« sous-diacres. »

« Mais cette jurisprudence s'était formée sous l'influence politique d'une reli-
« gion qui était *dominante*, avant l'édit de 1685 sur la révocation de l'édit
« d'Henri IV, et qui est devenue *exclusive* après le fatal édit de Louis XIV. »

« Dans ce nouvel ordre de choses, où les principes du contrat civil et du sacre-
« ment se séparaient, où le mariage était complétement sécularisé, où la liberté
« religieuse était une base constitutionnelle de l'État, où l'égalité des cultes était
« organisée, il est évident que l'engagement dans les ordres sacrés ne pouvait
« plus être une cause de nullité, un empêchement dirimant du mariage.

« ..... Liberté pour liberté : l'Église est libre d'interdire le ministère au prêtre
« qui viole les canons et renonce au célibat ; elle est libre de frapper l'apostat de
« ses foudres spirituelles : voilà sa sphère d'action ! Mais liberté pour le citoyen :
« le citoyen doit être libre de renoncer à la discipline ecclésiastique, de se retirer

« du sacerdoce, et même d'abjurer la foi religieuse, pour contracter une union
« purement civile, pour se concentrer dans les droits ,et les obligations de la
« société civile. C'est là une sphère nouvelle dont on ne peut lui fermer l'entrée,
« en un état de choses qui a rompu toute alliance avec les idées de religion *exclu-*
« *sive* ou *dominante*, et qui fixe comme droit naturel et constitutionnel la LIBERTÉ
« DE CONSCIENCE, la LIBERTÉ INDIVIDUELLE (*Histoire du droit français.* » 1838, t. 2,
p. 497).

« La civilisation moderne, dit encore M. de Serrigny, professeur de droit ad-
« ministratif dans la faculté de Dijon, repose tout entière sur cette idée qu'elle
« est le résultat du progrès opéré par l'élément laïque réagissant sur l'élément
« catholique romain, devenu stationnaire et rétrograde ; en d'autres termes, que
« la société est devenue laïque et qu'elle s'est dégagée du pouvoir théocratique.
« Voilà l'idée mâle qui est au fond de toutes nos institutions, et qui se reproduit
« dans toutes nos discussions politiques sur la liberté des cultes, sur la liberté de
« l'enseignement, etc. La théocratie veut conserver les débris de son pouvoir et
« recouvrer ce qu'elle a perdu ; l'esprit laïque veut garder sa conquête et l'éten-
« dre de plus en plus. Là se trouvent les deux termes de toutes leurs disputes
« modernes. La solution de la cour de cassation, et surtout le principe qui lui
« sert d'appui, est un soubresaut en arrière qui aurait pour résultat de faire re-
« culer la civilisation moderne, s'il était possible qu'elle s'arrêtât devant cette
« barrière. Elle la surmontera comme toutes celles qu'on voudrait lui opposer ;
« parce que les fleuves ne remontent pas vers leur source ; ils n'y remontent
« qu'à l'état de vapeur, après avoir achevé leur cours dans la mer. »

« Concluons donc que, juridiquement et constitutionnellement parlant, il
« n'y a pas chez nous l'ombre d'une raison de douter qu'un *prêtre catholique*
« *puisse contracter un mariage valable, sauf à perdre son état de prêtre et les avan-*
« *tages qui y sont attachés.* » (*Traité de droit public des Français,* t. 1 p. 573.)

En résumé, de nos jours, le clergé catholique lui-même est entré dans la voie
de la liberté et du progrès.—Il réclame avec des efforts énergiques la liberté de
l'enseignement, parce qu'il espère voir s'ouvrir devant lui une carrière nouvelle
d'action et d'influence sur la société par l'enseignement religieux. Nous dirons
encore : liberté pour liberté. Que les plus zélés défenseurs de l'intérêt catholique
ne s'effrayent donc plus de la liberté religieuse et civile du citoyen ; qu'ils la res-
pectent jusque dans l'individu qui, ayant servi les autels sans vocation, a bien
fait de s'en écarter, puisqu'il n'aurait pas pu y rester attaché sans mentir tous les
jours à sa conscience, sans y être une cause de scandale et de dangers toujours
croissants pour les mœurs.—Ce serait un progrès pratique dans la discipline de
l'Église, si elle mettait souvent plus de résolution et de vigueur à repousser de

son sein les sujets dont la vocation s'est trop ouvertement démentie. Nous ne pensons pas que l'exemple d'une scandaleuse apostasie puisse porter aucun ravage dans les rangs de notre jeune clergé; plus il se sentira libre dans les engagements austères et difficiles que son ordre lui impose, plus sa mission grandira au contraire à ses propres yeux, plus aussi elle sera révérée des peuples. Car, dans la discipline du clergé, c'est une routine aveugle et fausse que de prétendre couvrir de la robe du prêtre les plus grands désordres, auxquels, par de rares exceptions, peuvent se livrer quelques-uns de ses membres. Mais l'Église catholique, fière et pudibonde, ne sait pas retrancher d'un arbre magnifique les branches maladives qui le déshonorent et le tuent; que lui importe donc que la société reprenne et laisse vivre, de la vie commune, dans l'obscurité qui leur convenait, ceux qui n'auront pas pu porter le fardeau de devoirs sublimes et de vertus surhumaines !

Notre conviction la plus entière, c'est que le fait de la désertion d'un prêtre catholique qui abandonne ses fonctions, fait toujours fort rare, et qui ne sera jamais contagieux, ne saurait causer aucun préjudice au triomphe de la foi catholique, l'œuvre de Dieu, et non des hommes.

Ayant mission de développer et d'expliquer les principes de notre droit national, cet autre culte dont les jurisconsultes ont été dans tous les temps les interprètes, et dont les magistrats sont les ministres, nous avons démontré : 1° que les décrets de l'Assemblée constituante de 1789, 1790, 1791, ont entièrement sécularisé la souveraineté nationale, et séparé toute puissance ecclésiastique de l'autorité laïque; qu'elle a prononcé l'abolition, devant la loi civile, des vœux monastiques et de tous les engagements contraires au droit naturel; que, cependant, sous l'empire de la constitution de 1791, tous les cultes chrétiens sont demeurés sous la protection de la loi; que, spécialement, les frais d'entretien du culte catholique, les traitements de ses prêtres, les frais de restauration et de conservation des édifices religieux ont été compris dans les dépenses publiques; que, plus spécialement encore, les évêques et autres ecclésiastiques ont été rangés parmi les fonctionnaires les plus importants de l'État; mais que le caractère officiel du prêtre n'était reconnu que par rapport à l'exercice de ses fonctions, et ne pouvait ni porter atteinte à la jouissance des droits du citoyen, ni conférer aucun privilége dans l'ordre civil;

Qu'alors donc, l'autorité des canons de l'Église ne pouvait plus motiver un empêchement dirimant au mariage, la loi ne reconnaissant plus les vœux religieux d'aucune sorte et n'envisageant plus le mariage que comme contrat civil;

2° Que par la promulgation faite en France du Concordat et des articles organiques, qui ont rétabli le culte catholique, apostolique et romain, le système américain, c'est-à-dire d'indifférence et de cécité complète du gouvernement en ce qui concerne les cultes, a bien été abrogé ; mais qu'en tenant pour nuls tous les décrets de cette assemblée, rien n'autorise à en faire autant des principes constitutionnels de 1791, auxquels le gouvernement consulaire se trouvait soumis dans tous les principes qui n'étaient pas formellement abrogés par les lois ; qu'ainsi, la reconnaissance que la religion catholique, apostolique et romaine était celle de la grande majorité des Français ; qu'ainsi, la restitution qui lui était faite de tous les édifices nécessaires à la religion ; le libre exercice du culte, la protection que lui assurait le gouvernement, en portant au budget les traitements de ses ministres et les frais de l'entretien du culte ; qu'ainsi, le serment des évêques et des autres ecclésiastiques à l'ordre politique et civil et les conditions imposées pour l'ordination des jeunes prêtres, et le maintien de la discipline, conformément aux canons reçus en France, tout cela n'était qu'un retour à l'état légal de la religion catholique, tel qu'il existait en 1791, et avec la circonstance d'une protection toute semblable pour les autres cultes reconnus, puisque tous ont été placés sur le pied d'une égalité parfaite devant la loi ;

3° Et enfin que le grand principe de liberté des cultes et d'une protection égale entre eux, conquis pour toujours par la philosophie du XVIII° siècle, a été consacré de nouveau par la charte de 1814, et reproduit en des termes plus rigoureusement conformes aux principes politiques de notre époque, par celle de 1830, et que sous son empire, le silence du Code civil sur le cas de mariage d'un prêtre ne permet pas d'y ajouter un empêchement dirimant résultant soit des canons, soit des usages religieux de l'ancienne France ; qu'à cet égard les discussions législatives qui ont précédé l'adoption du Concordat prouvent hautetement qu'on n'a nullement cru avoir consacré cet empêchement au mariage du prêtre ; que, si plus tard, on aurait voulu que cette règle existât, il a été reconnu qu'il y avait une loi à faire à cet égard ;

Que les tribunaux ne peuvent pas refaire les lois, mais qu'ils ont *pour mission* de les appliquer telles qu'elles existent ;

Qu'enfin dans le silence de la loi, il ne faut pas qu'une femme soit déçue dans l'espérance d'un mariage sur lequel elle a pu compter ; que des enfants soient privés de la légitimité qui leur est offerte.

Si notre conviction sincère, si notre zèle ardent, qui, nous l'espérons, n'a point été indiscret dans une question délicate, ne nous a point égaré, nous croyons avoir justifié pour la Cour suprême, que l'arrêt attaqué viole les décrets des 13 fév. et 3 sept. 1791, qu'il a fait une fausse application des articles 6 et 26 de la loi du 18 germinal an X, et qu'ajoutant aux dispositions du Code civil sur le mariage, il a soumis le pouvoir laïque à une règle étrangère au droit civil, et par un système subversif de tout le titre du Code civil concernant le mariage.

Ces flagrantes violations de la loi appellent évidemment la sévère attention de la Cour suprême sur l'arrêt de la cour royale de Limoges qui lui est déféré.

Nonobstant son arrêt de 1853, la Cour aimera à prouver une fois de plus qu'elle rentre volontiers dans un examen nouveau et approfondi des hautes questions et de celles surtout qui intéressent l'ordre public, la famille et les mœurs ; qu'enfin, elle ne donne pas à sa jurisprudence une autorité au-dessus de la loi.

COTELLE,
Docteur en droit, Avocat à la Cour de cassation.

Imprimerie de Ducessois, 55, quai des Augustins.